BIENVENIDO A LISBOA

AF193855

Tranvía 28 en la rua das Escolas Gerais, con el campanario de la iglesia de São Vicente de Fora en el fondo.
RudyBalasko/Getty Images Plus

Llegar a Lisboa

En avión

Desde el Aeropuerto Internacional Humberto Delgado

Portela, a unos 6 km al norte de la ciudad - ☏ 218 413 500 - www.aeroportolisboa.pt. Oficina de cambio y cajero automático en el *hall* de llegadas. Quiosco **Ask Me Lisboa** (oficina de turismo) - ☏ *218 450 660, de 7:00 a 22:00 h*): información, mapas y folletos, venta de la Lisboa Card (⚲ *pág. 124*)) y bonos (vale de prepago) para taxis.

Metro - La línea roja conecta el aeropuerto con el centro de la ciudad en aproximadamente 30 minutos - billete 1,50 € con el Passe Navegante ocasional (⚲ *cuadro de texto a la derecha*). Información: www.metrolisboa.pt

Navette - El Aerobús 1 llega al centro (Plaza Marquês de Pombal, Rossio, Plaza del Comércio, Cais do Sodré) en 30 min *(cada 20-25 minutos, de 8:00 a 21:00 h)*; el aerobús 2 pasa por la estación de autobuses de Sete Rios *(cada 60 minutos, de 8:00 a 19:00 h) - servicio suspendido temporalmente.*

Autobús urbano - El aeropuerto está conectado con las estaciones de metro Oriente (autobús 705 o 744) y Restauradores (autobús 744), así como con la Plaza Marquês de Pombal (autobús 744 o 783). No se acepta equipaje voluminoso durante las horas punta. Billete 2,40 € (a bordo).

Rutas y mapas de la red: www.carris.pt

Taxi - Dependiendo del tráfico, calcula 12/18 € (suplemento de equipaje 1,60 €)

Rua Augusta (Baixa).
GTW/imageBROKER/age fotostock

hasta el centro, 20/25 € en días festivos y de noche; asegúrate de que el taxímetro esté encendido. El bono, a la venta en el quiosco Ask Me Lisboa al precio fijo de 18 €, permite evitar irregularidades (⚲ *Taxi pág. 126*).

En tren

Información: ☏ 808 109 110 - www.cp.pt Todos los trenes internacionales (o los que vienen del norte o centro del país) paran en la **estación de Oriente**. Luego los trenes continúan hasta la terminal, la **estación Santa Apolónia**, cerca del centro de la ciudad.

⚲ *«Transporte público» pág. 127 y mapa de los transportes en la parte posterior del mapa desmontable.*

Especial Transportes

Horarios: metro de 6:30 a 1:00 h; autobuses y tranvías 15E de 6:00 a 0:30 h.

Suscripciones más interesantes: Passe Navegante ocasional - Válido para metro, tranvía, autobús y funicular, recargable - 0,50 € por la tarjeta *(ver pág. 127)*.

⚲ ☏ 214 357 472 - www.navegante.pt

Lisboa Card - En venta en las oficinas de turismo *(ver págs. 122 y 124)*, acceso ilimitado a los transportes públicos, entrada gratuita a determinados museos y descuentos - 21 €/24 horas; 35 €/48 horas; 44 €/72 horas.

⚲ www.lisboacard.org

No te lo pierdas

Los lugares más bellos elegidos para ti

★★★ Pálacio dos Marqueses de Fronteira
Mapa A1-2 - pág. 78

★★ Alfama
Mapa F6-7 - pág. 22

★★ Elevador de Santa Just
Mapa E6 - pág. 39

★★★ Museu Nacional de Arte Antiga
Mapa C7 - pág. 56

★★★ Praça do Comércio
Mapa EF7 - pág. 21

★★ Miradouro da Senhora do Monte
Mapa F5 - pág. 31

★★★ Museu Calouste Gulbenkian
Mapa D2 - pág. 74

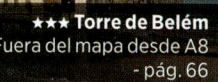

★★★ Torre de Belém
Fuera del mapa desde A8
- pág. 66

★★★ Mosteiro dos Jerónimos
Fuera del mapa desde A8
- pág 63

★★★ Sintra
pág. 83

Nuestros favoritos

💜 **Pasea por las sinuosas callejuelas a bordo del tranvía 24E,** para hacerte una idea de los diferentes aspectos, todos ellos agradables, del corazón de Lisboa. ¡Un recorrido menos turístico que el del tranvía 28E, irresistible y lleno de color local! *Ver pág. 128.*

💜 **Contempla la ciudad desde las alturas de sus miradouros (miradores).** Construida sobre siete colinas, Lisboa siempre se ve diferente desde cada uno de sus miradores, a menudo con bancos y quioscos donde tomar algo y dejar volar la imaginación. *Ver págs. 26, 31, 44 y 46.*

💜 **Pasea por el tranquilo y aristocrático Barrio de Lapa,** con sus grandes y bellos edificios de colores pastel. Este paseo puede llevarte hasta el encantador **jardín de la Estrela**. *Ver pág. 51.*

💛 Visitar Lisboa sin **probar los pasteis de nata** ¡sería imperdonable! ¿Dónde? ¡En una de las salas adornadas con azulejos de la Antiga Confeitaria de Belém, por supuesto! *Ver pág. 102.*

💜 **Descubre casualmente pequeñas perlas de arte callejero.** Este arte efímero, poético o provocador florece en todos los barrios. No te pierdas los grafitis que decoran el carruaje del ascensor de la Glória y los de la LX Factory. *Ver págs. 46 y 55.*

💜 **Toma una copa** en uno de los bares de Bairro Alto o de Chiado, casi siempre decorados de forma atrevida y creativa. En estos acogedores locales podrás escuchar música variada mientras disfrutas de los mejores vinos portugueses o de imaginativos cócteles. *Consulta págs. 99 y 100.*

💜 **Admira los dorados de la Capilla de São João Baptista** en la Iglesia de São Roque, una maravilla barroca con materiales de extraordinaria riqueza, construida en Roma y luego transportada a Lisboa en barco. *Ver pág. 45.*

Radiokukka/Getty Images Plus

Arte callejero en LX Factory.

Rdiokukka/Getty Images Plus

Miradouro da Graça (Sophia de Mello Breyner Andresen).

💜 **Sumérgete en el corazón de la selva** en los invernaderos del Parque Eduardo VII. En pleno centro de Lisboa, estarás rodeado de una exuberante atmósfera tropical y disfrutarás de una espléndida vista de la Baixa y el Tajo. *Ver pág. 74.*

💜 **Pasa una velada «a la moda»** alrededor de la Plaza del Príncipe Real, donde abundan tiendas y restaurantes sofisticados que no dejan lugar a dudas sobre la inventiva de los diseñadores portugueses. *Ver págs. 47 y 93.*

💜 **Prueba la cocina portuguesa** en el Mercado de Ribeira. Una oportunidad única para compartir una cena inolvidable en grandes mesas en medio de una multitud animada y divertida. *Ver págs. 57 y 95.*

💜 **Permíteme que te cuente la historia del agua.** Del acueducto de Aguas Libres a la central de turbinas de Barbadinhos, de la cisterna de Mãe d'Água de las Amoreirasas al Reservatório de la Patriarcal: las cuatro etapas históricas del sistema de abastecimiento de agua alternan ambientes misteriosos, arqueología industrial y destreza técnica. *Ver págs. 36, 48, 49.*

💛 Aléjate de Lisboa para **llegar al Cabo de Roca**, extremo occidental de Europa. Este cabo salvaje sacudido por el viento es el *finis terrae*, el fin del mundo del poeta Camões. *Ver pág. 87.*

Lisboa en 3 días

Día 1

▶ Mañana

Después de un desayuno en el bar Nicola de **Rossio★** *(págs. 169 y 98)*, sal a descubrir el barrio cuadriculado de **Baixa★★** *(pág. 16)* hasta llegar a la **Plaza del Comércio★★★**, donde podrás tomar algo sentado en la terraza de uno de los muchos bares de la plaza *(pág. 21)*.

▶ Mediodía

Almuerza en un restaurante de la Baixa *(pág. 90)*.

▶ Tarde

Toma el **elevador de Santa Justa★★** para llegar sin esfuerzo a las alturas del **Chiado★** *(pág. 39)*. Visita la **Iglesia de São Roque★** *(pág. 45)* antes de disfrutar de una pausa para tomar un café en el **Mirador de São Pedro de Alcântara★** *(pág. 46)*. Llega hasta la **Plaza del Príncipe Real** para mirar los escaparates *(pág. 47)*. Baja por una de las estrechas calles del **Bairro Alto★** *(pág. 45)* para llegar a la **Plaza Luis de Camões**, pasea por la **calle Garrett** y descubre el **Museo Nacional de Arte Contemporáneo de Chiado★** *(pág. 40)*. A partir de ahí, solo unos pocos pasos más te llevarán a lo **alto de Santa Catarina★★** *(pág. 44)* para ver el atardecer.

▶ Noche

Cena en uno de los restaurantes de **Chiado** o del **Bairro Alto** *(págs. 91-93)* antes de continuar la velada en uno de los numerosos bares del barrio. *(págs. 99-100)*.

Día 2

▶ Mañana

Sube al **castillo de São Jorge★★** *(pág. 22)* haciendo una parada en el **Sé Patriarcal★★** *(pág. 28)*. Luego pasea por el laberíntico barrio de **Alfama★★** *(pág. 22)* y visita el **Museo del Fado** *(pág. 27)*.

▶ Mediodía

Parada para almorzar en una taberna popular de la Alfama *(pág. 91)*.

▶ Tarde

El tranvía 28E te llevará al barrio de **Graça**. Después de descubrir **São Vicente de Fora** *(pág. 32)* y el **Panteón Nacional★** *(pág. 34)*), baja hacia **Santa Apolónia**. Luego toma el autobús para llegar al emocionante **Museo Nacional del Azulejo★★** *(pág. 36)*.

¿Y si te quedas 4 días?

Podrás descubrir otros dos sitios imprescindibles: el **Palacio de los Marqueses de Fronteira★★★** por la mañana *(pág. 78)* y, por la tarde, el **Parque de las Naçoes★** *(pág. 58)* con su fantástico acuario, el **Oceanário de Lisboa★★** *(pág. 60)*. Si te sobra un cuarto día, puedes tomar el tren para llegar a algunas playas y zambullirte en el océano *(pág. 86)*, o adentrarte en los lugares secretos de la misteriosa **Sintra★★★** (salidas estación Rossio, *pág. 83*).

brytta/Getty Images Plus

Vista del Tajo desde la torre de Belém.

▶ Noche

Cena en los **muelles de Santo Amaro** o de **Alcântara** *(pág. 56)*, en la **LX Factory**★ *(págs. 55 y 95)* o en las proximidades de **Cais do Sodré**, hacia el **Mercado de Ribeira** *(pág. 95)*. Continúa la velada con un espectáculo de fado en el Bairro Alto. *(págs. 112 y 150)*.

Día 3

▶ Mañana

Toma el tranvía 15E en Plaza de Figueira, dirección **Belém**★★, para descubrir el **Monasterio dos Jerónimos**★★★ *(pág. 63)* y la **Torre de Belém**★★★ *(pág. 66)*.

▶ Mediodía

Almuerza en un restaurante de Belém *(pág. 96)* o lleva tu propia comida y come en la orilla del Tajo o en los jardines frente al monasterio. De postre, *pastel de nata* en la **Antigua Confeitaria** *(pág. 102)*.

▶ Tarde

Descubre el **MAAT**★ *(arte y arquitectura de vanguardia, pág. 68)*, luego toma un taxi hasta uno de los museos más prestigiosos de la capital: el **Museo Nacional de Arte Antiga**★★★ *(pág. 56)* o el **Museo Calouste Gulbenkian**★★★ *(Arte oriental y europeo, pág. 74)*.

▶ Noche

Echa un vistazo al calendario de **espectáculos** *(pág. 110)* para no perderte ningún concierto en la Fundación Gulbenkian *(pág. 74)* o en el Teatro Nacional de São Carlos *(pág. 112)*. Regresa a **Mouraria** para cenar *(pág. 91)*.

VISITAR LISBOA

Praça do Comércio.
Ingus Kruklitis/Getty Images Plus

Lisboa hoy

Situada en el extremo atlántico de Europa, en el estuario del Tajo, **Lisboa** (pronunciado *Lizboa*) respira a pleno pulmón el viento de mar abierto. Entre los dos enormes puentes que la rodean, una multitud de mercantes, ferris y veleros surcan su majestuosa bahía, llamada el **mar de paja** por sus reflejos dorados. Lisboa, sus siete colinas y sus calles sinuosas...

Bella e indolente

Vista desde arriba, la ciudad de las siete colinas parece un laberinto de calles estrechas y escaleras irregulares, coloreada por tejados rosas y fachadas amarillo ocre. Capital cosmopolita con algo más de 500 000 habitantes, sigue mostrando la encantadora cara de una antigua ciudad obrera: desordenada y un poco destartalada, con sus callejuelas decoradas con ropa tendida al sol, sus tranvías oscilantes y sus balcones cargados de flores. Pasear por ella es una auténtica delicia por el ambiente vivo, cálido y relajado de sus calles: los gatos holgazaneando en plena calle, las tabernas de las que se escapan los comentarios de un partido de fútbol y a veces un aire de fado, los limpiabotas a lo largo de las aceras adoquinadas en blanco y negro típicas de las **calçadas portuguesas**... En esta ciudad oceánica y llena de sueños, no tardarás en impregnarte de la **saudade**, esa melancolía alegre característica del alma portuguesa que encuentra su válvula de escape musical en el bello y desgarrador **fado**, escuchado al atardecer, en las pequeñas tabernas de **Bairro Alto** y **Alfama**. Lisboa invita a soñar, al ocio e incluso a la melancolía.

La ciudad Pombalina

La ciudad tiene fama de perezosa, ¡pero no te dejes engañar! Detrás de su aire tranquilo, Lisboa también sabe ser la ciudad de los sobresaltos y de los cambios impredecibles.
Bastan unos pocos pasos en la **Baixa** para darse cuenta: es aquí, en la parte baja, donde la ciudad renació después del terremoto de 1755. Fue impulsada por la voluntad tenaz del marqués de Pombal, primer ministro de la época que la convirtió en escaparate de Europa haciéndola insolentemente bella, símbolo de prosperidad abierto sobre el **Tajo.** Su posición nos recuerda que fue precisamente desde la desembocadura del río que Portugal se alimentó de riquezas de ultramar durante cinco siglos.

Una ciudad cosmopolita y popular

Cinco siglos de dominación romana y luego cuatro de ocupación árabe han dejado huellas. Ya muy cosmopolita en la época de los **Grandes Descubrimientos Geográficos** que forjaron su leyenda, Lisboa sigue siendo una ciudad multirracial y colorida, con una atmósfera más mediterránea que atlántica que cuenta con importantes comunidades de inmigrantes procedentes de antiguas colonias como Brasil, Goa y África y más tarde de Europa del Este. La capital portuguesa conserva su aspecto popular con sus *bairros* (barrios), auténticos pueblos donde se mezclan generaciones.

Una capital cambiante

Durante muchos años Lisboa creyó que estaba más cerca de Brasil y Mozambique que de París o Londres. La entrada de Portugal en la Comunidad Económica Europea (CEE) en 1986 se produjo sin mucho revuelo, ¡pero la agitación ciertamente se sintió! La capital portuguesa decidió entonces cambiar su aspecto con la ayuda de martillos neumáticos y grúas. Los mega centros comerciales (**Amoreiras**, **Colombo**), el **Parque de las Naciones** (Exposición Universal de 1998) o el **estadio de la Luz** (2003) dan testimonio de este dinamismo. Más recientemente, la remodelación de los **muelles de Santo Amaro** y el desarrollo de las **orillas del Tajo** alrededor de la Plaza del Comércio (Ribeira das Naus al oeste y alrededor de la Alfandega al este), así como la arquitectura vanguardista del **MAAT** en Belém (2016) restauran la imagen de una ciudad dinámica.

Nombrada **Capital Verde de Europa** en 2020, Lisboa ha tomado decisiones destinadas a mejorar la calidad de vida de sus habitantes y también de sus turistas: desarrollo del transporte ecológico, expansión gradual del uso de taxis fluviales a lo largo del Tajo, limitación drástica del tráfico de automóviles con ampliación de la zona peatonal en la Baixa, incluyendo parte de la Avenida de Liberdade y algunas calles del Barrio Alto. Para luchar contra el calentamiento global y

P. Jacques/hemis.fr

Plaza de las Flores, en el Bairro Alto.

fomentar la biodiversidad, se han creado **350 hectáreas de espacios verdes**. Está en marcha una importante política de reverdecimiento de los espacios urbanos: prueba de ello es la unión de los parques de la Fundación Gulbenkian y de la Plaza de Espanha, así como la plantación de **20.000 árboles**.

La apuesta por el **transporte público** forma parte de la misma huella ecológica y debería traducirse en los próximos años (2025-2035) en la creación de nuevas estaciones de metro y la reorganización progresiva de la red. Ecológica, dinámica, cómoda tanto en su visión de futuro como en el elogio de sus raíces, Lisboa tiene, sin duda, muchos recursos.

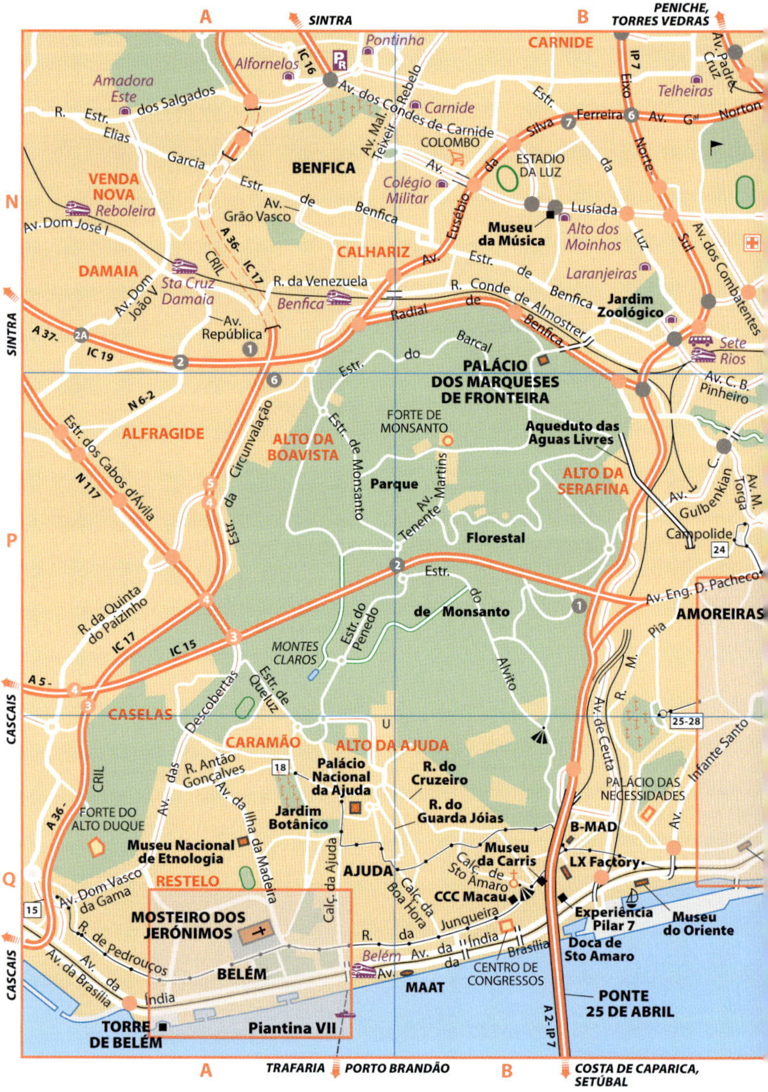
SINTRA
PENICHE, TORRES VEDRAS
CARNIDE
Pontinha
Alfornelos
Amadora Este
Carnide
Telheiras
BENFICA
COLOMBO
ESTADIO DA LUZ
VENDA NOVA
Reboleira
Colégio Militar
Museu da Música
Alto dos Moinhos
Lusíada
DAMAIA
Sta Cruz Damaia
CALHARIZ
Benfica
Laranjeiras
Jardim Zoológico
Sete Rios
PALÁCIO DOS MARQUESES DE FRONTEIRA
FORTE DE MONSANTO
Aqueduto das Aguas Livres
ALFRAGIDE
ALTO DA BOAVISTA
ALTO DA SERAFINA
Parque Florestal de Monsanto
Campolide
AMOREIRAS
MONTES CLAROS
CASELAS
CARAMÃO
ALTO DA AJUDA
Palácio Nacional da Ajuda
R. do Cruzeiro
R. do Guarda Jóias
PALÁCIO DAS NECESSIDADES
FORTE DO ALTO DUQUE
Museu Nacional de Etnologia
Jardim Botânico
B-MAD
Museu da Carris
LX Factory
AJUDA
RESTELO
CCC Macau
Experiência Pilar 7
Museu do Oriente
MOSTEIRO DOS JERÓNIMOS
Doca de Sto Amaro
BELÉM
MAAT
CENTRO DE CONGRESSOS
PONTE 25 DE ABRIL
TORRE DE BELÉM
Piantina VII
CASCAIS
TRAFARIA
PORTO BRANDÃO
COSTA DE CAPARICA, SETÚBAL

COIMBRA, FÁTIMA, VILA FRANCA DE XIRA

PONTE VASCO DA GAMA

Campo Grande
de Matos
Av. Mal Craveiro Lopes
Museu Bordalo Pinheiro
Museu de Lisboa
Rot. do Relógio
Olivais
Cabo Ruivo
Oceanário
Mapa VI
Alameda dos Oceanos
Brasil
ALVALADE
Av. do Sto Condestável
Chelas
Av. Dr. A. de Castro
Av. do
Av. Mal Gomes da Costa
Av. Infante Dom Henrique
R. Cintura do Porto
Cidade Universitária
Alvalade
Av. Rio de Janeiro
Av. Gago Coutinho
Alm. Gago Coutinho
Av. Dr. A. Vicente
António de Spinola
Av. Mal
BRAÇO DE PRATA
N
Av. das Forças Armadas
Entre Campos
Av. A. Pais
Unidos
Estados da América
Roma
AREEIRO
Av. dos
Roma
Av. de
Bela Vista
R. Cintura do Porto
Parque Ribeirinho Oriente
MARVILA
Campo Pequeno
Roma-Areeiro
Biblioteca Municipal
Av. A. Costa
Av. João XXI
Av. C. Pinhão
17
Av. da República
Berna
C. Pequeno
R. Garcia
Alameda
Olaias
Estr. de Chelas
R. G. Pais
BEATO
Pr. de Espanha
Av. E.
Av. de A. J. de Almeida
Saldanha
Arroios
R. A. Gonçalves
Av. Alm. Reis
MUSEU C. GULBENKIAN
Casa-Museu A. Gonçalves
R. Morais
R. G. Soares
SÃO JOÃO
S. Sebastião
Av. de Aguiar
R. P. de Melo
Picoas
Av. F. P. de Melo
Av. Gen. Roçadas
Av. Afonso III
Madre de Deus
P
stufa ria
Parque Eduardo VII
Anjos
PENHA DE FRANÇA
Av. Mouzinho de Albuquerque
Museu Nacional do Azulejo
Pr. Marquês de Pombal
Av. Alm. Reis
28
Av. Infante Dom Henrique
Plano V
Av. da Liberdade
R. Gomes Freire
Avenida
GRAÇA
Museu da Água da EPAL
Rato
RATO
Plano I
Castelo de São Jorge
Santa Apolónia
ESTRELA
BAIRRO ALTO
ROSSIO
ALFAMA
Museu Militar
LISBOA
Centro urbano
CHIADO
BAIXA
Plano II
MUSEU NACIONAL DE ARTE ANTIGA
Cais do Sodré
Plano IV
PRAÇA DO COMÉRCIO
Plano III
TAJO
0   1 km
N
Q
SALIR POR LA NOCHE
Fábrica Braço de Prata.................. 17

18   Línea de tranvía
2   4   Intercambio completo / parcial

CACILHAS
C
BARREIRO, MONTIJO
D

La Baixa★★ y el Rossio★

Líneas rectas, calles en forma de ajedrez, clasicismo: la «Ciudad Baja», peatonal desde 2020, ha sido durante mucho tiempo el escaparate urbano más envidiado de Europa, un barrio modelo construido según los principios de la Ilustración y los planos del Marqués de Pombal después del terremoto de 1775. Estos dos barrios siguen siendo hoy el centro neurálgico de Lisboa, un diseño cuadriculado de calles animadas durante el día donde es agradable pasear desde las orillas del Tajo hasta la Plaza Dom Pedro IV, comúnmente llamada «Rossio».

▶**Cómo llegar**: Ⓜ Baixa-Chiado, Rossio o Restauradores. 🚊 12E, 15E, 28E.
Plano del barrio pág. 18. Mapa extraíble EF6-7.
▶**Consejo**: visita este barrio durante el día. Por la noche, después del cierre de las tiendas, solo la rua de las Portas de Santo Antão permanece muy animada.

Praça dos Restauradores

La llamada Plaza de los Restauradores debe su nombre a los hombres que se rebelaron contra el dominio español proclamando la independencia de Portugal en 1640. En el centro, un obelisco conmemora el hecho.
Al oeste de la Plaza, **Palácio Foz** fue construido a finales del siglo XVIII por el arquitecto italiano Francesco Saverio Fabri. La preciosa fachada color salmón esconde la oficina de turismo de Lisboa y Portugal (☉ *«Preparar el viaje/Para saber más» pág. 122).*
A la izquierda del palacio de Foz, el **Teatro Edén**, inaugurado en 1937, conserva una parte de la fachada art déco y la otra parte de estilo futurista. Hoy en día este edificio alberga un aparthotel (☉ *«Nuestras Direcciones/ Dónde dormir» pág. 115).*

Rua das Portas de Santo Antão

Muy animada por la noche, esta calle peatonal alberga teatros (el Coliseo de los Recreios en el n.º 96), bares, restaurantes y tiendas. En el n.º 58, la **Casa del Alentejo** está escondida en el antiguo palacio de Alverca (finales del siglo XVII) que se abre a un patio árabe inusual y ricamente decorado. Dedicada a promover la región del Alentejo, además de albergar un restaurante, (☉ *«Dónde comer» pág. 90)* sirve como lugar de encuentro para los habitantes de esta región que viven en Lisboa.

Rossio ★

La **Plaza Dom Pedro IV** o Rossio, es una gran y animada plaza de la Baixa, que existe desde el siglo XIII. Es el corazón palpitante de la ciudad, escenario de grandes concentraciones populares,

18

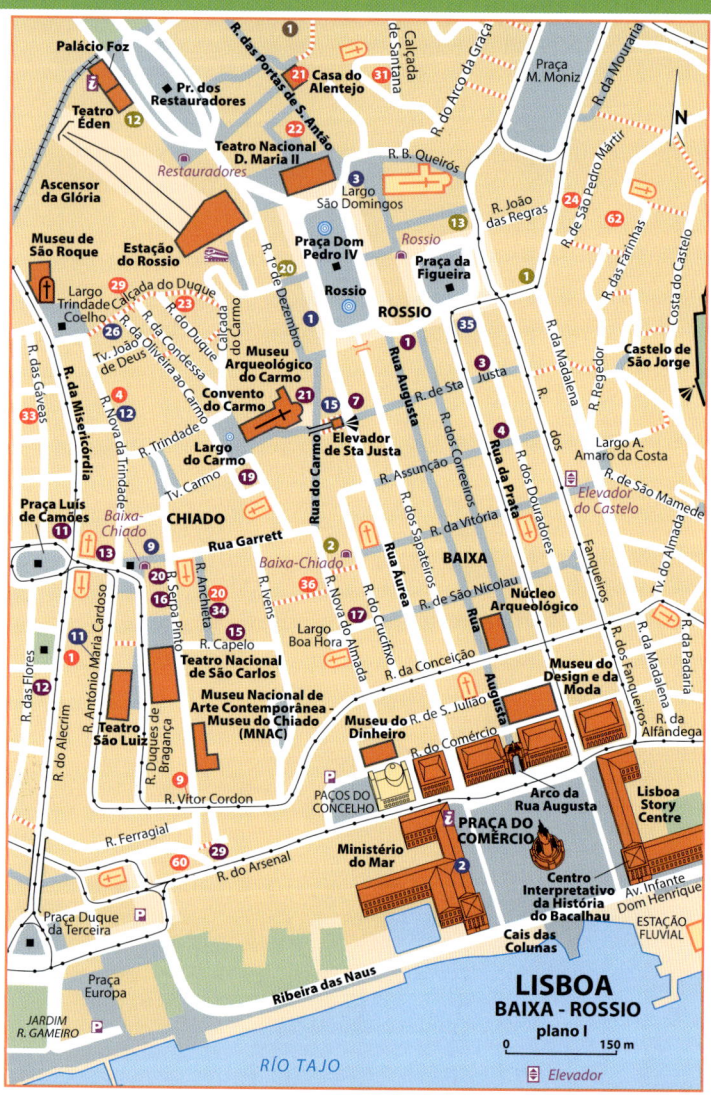

fiestas y desfiles militares. Durante la época de la Inquisición, aquí se celebraban los terribles autos de fe. Antes del terremoto de 1755, albergaba varios edificios importantes de la ciudad. Su configuración actual es obra del marqués de Pombal (☞ *cuadro de texto págs. 20 y 144)*. En el centro se alza la estatua de bronce (1870) del rey Dom Pedro IV, primer gobernante de Brasil, así como dos fuentes barrocas. Observa la **fachada★** neomanuelina (siglo XIX) de la **estación de Rossio**. La plaza está flanqueada por edificios de estilo pombalino que albergan bares en la planta baja, el más famoso de los cuales es el **café Nicola** con una fachada art déco (☞ *pág. 98)*. Otras pequeñas tiendas han conservado su decoración de principios del siglo XX. Cerca del café Nicola, echa un vistazo al estanco decorado con azulejos de Rafael Bordalo Pinheiro.

Teatro Nacional Dona Maria II

Este edificio de estilo neoclásico, que cierra la plaza por el norte, fue construido hacia 1840 en sustitución de un antiguo palacio de la Inquisición. Tiene una fachada de peristilo y un frontón coronado por la estatua de Gil Vicente, famoso dramaturgo portugués del siglo XVI.

Praça da Figueira

De planta cuadrada, con la estatua ecuestre del rey Juan I (1971) en el centro, esta plaza está rodeada de edificios clásicos. Se extiende hasta donde se encontraba el Hospital Real de Todos os Santos, un gran hospital terminado bajo Manuel I y destruido en 1755. Los últimos días del mes se instalan allí puestos de cocina portuguesa.

Cándido y el estilo Pombalino

«Aquí llega el último día del mundo», exclamó Cándido de Voltaire entre las ruinas de la ciudad devastada por el terremoto y el maremoto que se sucedió el 1 de noviembre de 1755; pero las obras de reconstrucción comenzaron rápidamente según el cuadriculado plan del marqués de Pombal, Primer Ministro de la época. Por esta razón, la parte baja de la ciudad sigue llamándose «centro Pombal».
☾ *Ver también «Arte y arquitectura» pág. 144.*

El barrio cuadriculado

En dirección al Tajo, las calles bien alineadas de la Baixa forman una especie de tablero de ajedrez entre el Rossio y el río y están repletas de comercios en las zonas peatonales. La **rua Augusta**, amplia y elegante calle peatonal, conecta el Rossio con el centro de la Plaza del Comércio, casi a orillas del Tajo.

Ambas **rua Áurea o del Ouro** (calle del Oro, hoy en día calle de banqueros, joyeros y orfebres), o bien **rua de Prata** (calle de la Plata) nos recuerdan, por sus nombres, que fueron el centro del comercio de metales preciosos en los siglos XV y XVI. Las otras calles paralelas llevan los nombres de gremios como la calle de los Dourados (orfebres), calle de los Correeiros (guarnicioneros), calle de los Sapateiros (zapateros).

Museu do Design e da Moda (MUDE)

Rua Augusta, 24 - ℘ 218 171 892 - www.mude.pt - cerrado por obras.
El Museo del Diseño y la Moda está ubicado en un antiguo banco. Amueblado en un estilo minimalista, alberga una tienda de diseño y espacios de exposición, especialmente en el extraordinario **caveau**★ en el sótano. Además de la colección de objetos contemporáneos reunida por **Francisco Capelo**, que ofrece un amplio panorama de la producción desde el siglo XX hasta la actualidad, alberga estudios y residencias de artistas, así como un auditorio y un restaurante panorámico en la azotea que ofrece una vista excepcional del centro Pombalino.

Núcleo Arqueológico

Rua dos Correeiros, 21 - ℘ 211 131 682 - www.fundacaomillenniumbcp.pt/nucleo-arqueologico - de lu. a sá. de 10:00 a 17:00 h - visitas guiadas cada hora.
Los vestigios romanos se encuentran en el sótano del Banco Millennium. El agradable espacio museístico ilustra la historia de Baixa desde el inicio de su ocupación (siglo VII a. C.). El suelo de cristal permite ver la superposición de estructuras desde la época Pombalina hasta el periodo freático. Con el tiempo, el yacimiento fue ocupado por una fábrica de cerámica (siglos V-III a. C.), una necrópolis (siglo II a. C.) y, más tarde aún, por un complejo relacionado con las actividades portuarias y pesqueras (siglos I-V).

Arco da Rua Augusta ★

Rua Augusta - ℘ 210 998 599 - de 10:00 a 17:00 h (última entrada 19:00 h) - 3 €.
Inaugurado en 1873, el arco completa triunfalmente la perspectiva de la rua

Augusta abriéndose a la Plaza del Comércio. Un ascensor, con mecanismo visible, conduce a la sala del reloj. A continuación, una escalera conduce a la terraza, dominada por la estatua de la Gloria, rodeada por el Genio y el Valor, obras del artista francés Célestin-Anatole Calmels; desde aquí se disfruta de una magnífica **vista** de 360° de la capital.

Praça do Comércio ★★★

A orillas del Tajo se alzaba el Palacio Real, destruido por el terremoto y el maremoto de 1755.

En memoria de este acontecimiento, los lisboetas siguen llamando a esta magnífica plaza **Terreiro do Paço**, es decir, Explanada del Palacio.

La plaza, de 192 m de largo y 177 m de ancho, está rodeada por tres lados de edificios clásicos y es sede de la Bolsa y de varios ministerios.

Los diferentes pisos, con una fachada de estuco amarillo azafrán, descansan sobre galerías arqueadas y el conjunto ilustra el estilo pombalino, austero y elegante a la vez. En el centro de la plaza se alza la **estatua ecuestre** del rey José I. La Plaza del Comércio ha desempeñado un papel importante en la historia del país. En ella fueron asesinados el rey Carlos y el príncipe heredero Luis Felipe el 1 de febrero de 1908.

En el **café Martinho de Arcada** (*esquina de rua de Prata y Plaza del Comércio*), que Fernando Pessoa solía frecuentar, aún se puede encontrar la mesa en la que escribió una de sus obras más famosas, *Mensagem*. Ahora la plaza alberga ministerios, restaurantes y bares, una *posada* (hotel) de lujo y la oficina de turismo. El **Lisboa Story Centre** (*www.lisboastorycentre.pt/es - de 10:00 a 18:00 h - 6,50 €*), destinado principalmente al público escolar, recorre la historia de la ciudad a través de soportes audiovisuales y multimedia y de una película que recuerda el drama de 1775. Inaugurado en 2020 para apoyar la reurbanización de las orillas del Tajo, el **Centro Interpretativo da Història do Bacalhau** (*Torreão Nascente - ✆ 211 126 155 - www.historiabacalhau.pt - de 10:00 a 19:00 h - 4 €*) te contará todo sobre el bacalao: la historia de la pesca, secretos para cocinarlo, importancia cultural del «amigo fiel» (*◉ pág. 154*).

Museu do Dinheiro

Antiga Igreja de São Julião - Largo de S. Julião ✆ t 213 213 240 - www.museudodinheiro.pt - de mi.a do. de 10:00 a 18:00 h - gratis.

Instalado en una iglesia desacralizada, el Museo del Dinero ilustra la evolución de la moneda en el mundo desde la época del trueque, los distintos medios de pago (dinero mercancía, metal, papel moneda, etc.) y su relación con las sociedades y los individuos. En el sótano se puede admirar parte de las murallas de Dom Dinis que protegían la ciudad en el siglo XIII.

Cais das Colunas ★

Al sur, el llamado Muelle de las Columnas es la puerta de entrada a la ciudad. Una escalinata de mármol, flanqueada por dos columnas «tragadas» por las aguas, se desliza suavemente en el Tajo. Un agradable paseo marítimo, la **Ribeira das Naus**, nos lleva hacia el oeste hasta los alrededores del Cais do Sodré (*◉ pág. 57*) y sus muelles.

Alfama★★ y Mouraria

Limitada al norte por el castillo, la Alfama se extiende en una ladera que desciende hacia el Tajo. Es el barrio más famoso y antiguo de la ciudad (se salvó del terremoto de 1755), símbolo de la Lisboa popular, ya formaba parte del centro de la ciudad en época romana como demuestran las ruinas del antiguo teatro. Sus calles medievales son un verdadero laberinto de patios y callejones sin salida truncados por escaleras y arcos que forman un barrio poético donde es fácil y agradable perderse. En la ladera noroeste de la colina se encuentra Mouraria, cuna del fado, un barrio popular actualmente en proceso de reurbanización.

▶**Cómo llegar**: Ⓜ Terreiro do Paço o Rossio (para Alfama), Martim Moniz o Intendente (para Mouraria). 🚊 12E, 28E.
**Plano del barrio págs. 24-25 (Alfama) y pág. 35 (Mouraria).
Mapa extraíble F6-7.**
▶**Consejos**: llevar calzado cómodo y dar un paseo por la mañana: en verano, con el tiempo más fresco, las calles empinadas parecen menos agotadoras. Si te queda tiempo (y energía) después de explorar Alfama, visita los barrios cercanos: Mouraria (🧭 *pág. 31*) y Graça (🧭 *pág. 32*).

Castelo de São Jorge ★★

📞 218 800 620 - castelodesao jorge.pt - de 9:00 a 21:00; invierno de 09:00 a 18:00 h - 10 € (13-25 años 5 €), incluida la Torre de Ulisses y el Núcleo Museológico.
☺ Para llegar al castillo sin demasiado esfuerzo, toma el autobús 737 desde la Plaza de Figueira o el ascensor que bordea las escadinhas (escaleritas) da Saúde y conecta la Plaza Martim Moniz con la rua Marquês Ponte de Lima, en el corazón del barrio de Mouraria, luego continúa subiendo por la maraña de calles (señalizadas). Considera también el ascensor de Castelo (🧭 pág. 128).

Cuna de la ciudad, el castillo ocupa una posición estratégica y privilegiada en lo alto de la colina. Construido por los visigodos en el siglo v y ampliado por los moros en el siglo IX, fue modificado durante el reinado de Alfonso I (siglo XII). La visita es un agradable y sombreado paseo que te regalará espléndidas vistas de Lisboa. Tras cruzar la muralla exterior donde se encuentra el barrio medieval, llegarás a la Plaza de armas, desde donde podrás disfrutar de una **vista★★★** magnífica del «mar de paja» (el Tajo), las aglomeraciones en la orilla izquierda y el puente 25 de Abril, la ciudad baja y el

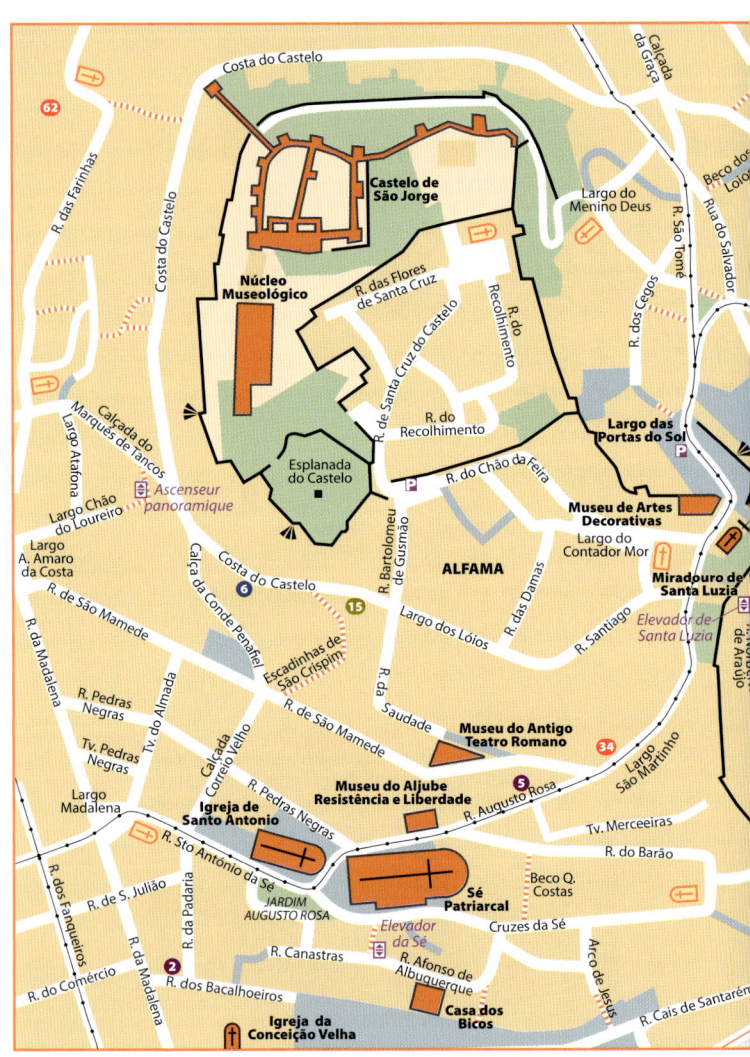

Costa do Castelo

Calçada da Graça

62

R. das Farinhas

Beco dos Loios

Costa do Castelo

Castelo de São Jorge

Largo do Menino Deus

R. São Tomé

Rua do Salvador

Núcleo Museológico

R. das Flores de Santa Cruz

R. do Recolhimento

R. dos Cegos

Costa do Castelo

Calçada do Marquês de Tanços

Largo Atafona

R. de Santa Cruz do Castelo

R. do Recolhimento

R. do Recolhimento

Largo das Portas do Sol

Esplanada do Castelo

Ascenseur panoramique

R. do Chão da Feira

Museu de Artes Decorativas

Largo Chão do Loureiro

R. Bartolomeu de Gusmão

Largo do Contador Mor

Miradouro de Santa Luzia

Largo A. Amaro da Costa

Costa do Castelo

6

15

ALFAMA

R. das Damas

Elevador de Santa Luzia

R. de São Mamede

Calça da Conde Penafiel

Largo dos Lóios

R. Santiago

R. da Madalena

R. Pedras Negras

Escadinhas de São Crispim

R. da Saudade

R. de São Mamede

Tv. Pedras Negras

Tv. do Almada

R. de São Mamede

Museu do Antigo Teatro Romano

34

Largo São Martinho

Largo Madalena

Calçada Correio Velho

R. Pedras Negras

Museu do Aljube Resistência e Liberdade

5

R. Augusto Rosa

Tv. Merceeiras

Igreja de Santo António

R. Sto António da Sé

R. do Barão

R. dos Fanqueiros

R. de S. Julião

R. da Padaria

JARDIM AUGUSTO ROSA

Sé Patriarcal

Beco Q. Costas

2

R. Canastras

Elevador da Sé

Cruzes da Sé

Arco de Jesus

R. do Comércio

R. dos Bacalhoeiros

R. da Madalena

R. Afonso de Albuquerque

Casa dos Bicos

R. Cais de Santarén

Igreja da Conceição Velha

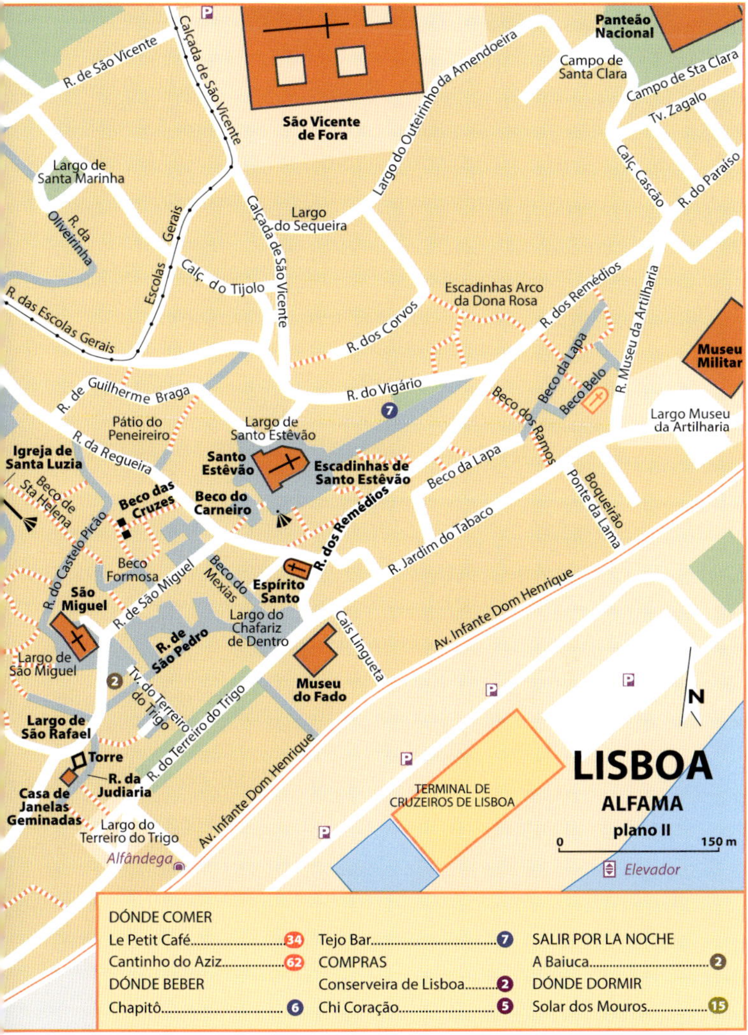

Panteão Nacional
Campo de Santa Clara
Campo de Sta Clara
Tv. Zagalo
Calç. Cascão
R. do Paraíso
São Vicente de Fora
R. de São Vicente
Calçada de São Vicente
Largo do Outeirinho da Amendoeira
Largo de Santa Marinha
R. da Oliveirinha
Escolas Gerais
R. das Escolas Gerais
Largo do Sequeira
Calç. do Tijolo
Escadinhas Arco da Dona Rosa
R. dos Remédios
R. Museu da Artilharia
Museu Militar
R. dos Corvos
R. do Vigário
Beco da Lapa
Beco Belo
Beco dos Ramos
Largo Museu da Artilharia
R. de Guilherme Braga
Pátio do Peneireiro
Largo de Santo Estêvão
Igreja de Santa Luzia
R. da Regueira
Santo Estêvão
Escadinhas de Santo Estêvão
Beco da Lapa
Boqueirão Ponte da Lama
Beco de Sta Helena
Beco das Cruzes
Beco do Carneiro
R. dos Remédios
R. do Castelo Picão
Beco Formosa
R. Jardim do Tabaco
São Miguel
R. de São Miguel
Beco do Mexias
Espírito Santo
Av. Infante Dom Henrique
Largo do Chafariz de Dentro
Cais Linqueta
R. de São Pedro
Largo de São Miguel
Tv. do Terreiro do Trigo
Museu do Fado
R. do Terreiro do Trigo
Largo de São Rafael
Torre
R. da Judiaria
Casa de Janelas Geminadas
Av. Infante Dom Henrique
Largo do Terreiro do Trigo
Alfândega
TERMINAL DE CRUZEIROS DE LISBOA
N
LISBOA
ALFAMA
plano II
0
150 m
Elevador

DÓNDE COMER
Le Petit Café 34
Cantinho do Aziz 62

DÓNDE BEBER
Tejo Bar 7
Chapitô 6

COMPRAS
Conserveira de Lisboa 2
Chi Coração 5

SALIR POR LA NOCHE
A Baiuca 2

DÓNDE DORMIR
Solar dos Mouros 15

Alfama de ayer y de hoy

La presencia romana queda demostrada por las excavaciones realizadas en el interior de la catedral y el teatro romano. El barrio ya estaba habitado en época visigoda. Durante la ocupación musulmana, recibió el nombre de al-Alhaman, es decir, «la fuente», en referencia a un manantial de agua caliente situado en la Plaza de las Alcaçarias.Los moros construyeron allí residencias nobles y los cristianos iglesias, la mayoría de las cuales no sobrevivieron, por desgracia, al terremoto... . Ya se había asentado aquí una pequeña comunidad sefardí, presencia que recordará el futuro Museo Judío, proyectado en el barrio de Belém. La Alfama era un barrio de marineros y pescadores. Las casas, a veces en ruinas, están decoradas con balcones de hierro forjado y paneles de azulejos que muy a menudo representan a la Virgen María entre San Antonio y San Marcial. Aunque ha sido objeto de numerosas restauraciones, la Alfama conserva su carácter tradicional y pueblerino.

Parque de Monsanto, al oeste. Construido sobre el solar del palacio real árabe, el **Paço Real** fue residencia de los soberanos portugueses entre los siglos XIV y XVI, hasta que Manuel I construyó un palacio a orillas del Tajo, en la actual Plaza del Comércio. Hoy en día, los restos del castillo albergan un restaurante y una cafetería (los pavos reales pasean por los alrededores), y el **Núcleo Museológico**, donde se exhiben los pocos artefactos encontrados durante las excavaciones. El castillo tiene 10 torres conectadas entre sí por poderosas murallas almenadas. Una vez atravesada la barbacana de la entrada, unas escaleras conducen al camino de ronda y a lo alto de las torres, ambos son miradores de la ciudad. Observa, de paso, en la muralla norte, la puerta desde la que **Martim Moniz** se inmoló en un acto de heroísmo: a costa de su propia vida, impidió que los moros cerraran esta puerta durante el ataque de Alfonso I. En la **torre de Ulisses**, un telescopio permite observar los diferentes barrios de Lisboa y sus monumentos *(de 10:00 a 17:00 h - sesiones cada 30 min)*.

Miradouro de Santa Luzia ★

Una pequeña plaza, que bordea la Iglesia de Santa Luzia, se ha transformado en un **mirador** de las ruinas de antiguas fortificaciones árabes: ofrece una hermosa **vista★★** del Tajo, el puerto y, justo debajo, de los tejados de la Alfama y el laberinto de calles, dominado por los campanarios de São Miguel y Santo Estêvão. Los muros exteriores de la **Iglesia de Santa Luzia** están cubiertos de paneles de azulejos, uno de los cuales ilustra la Plaza del Comércio y el otro la toma de Lisboa por los cruzados, así como la muerte de Martim Moniz en el castillo de São Jorge. Otros azulejos, que cubren el muro sur de la plaza, representan una vista general de Lisboa.

Largo das Portas do Sol ★

Situada al otro lado de la iglesia de Santa Luzia, esta plaza debe su nombre a la **Puerta del Sol**, una de las siete puertas de la ciudad árabe. Tiene una pequeña y agradable terraza que ofrece una hermosa **vista★★** de las casas de Alfama, São Vicente de Fora y el río.

Museu de Artes Decorativas - Fundação Ricardo do Espírito Santo Silva ★★

Largo das Portas do Sol, 2 - ℘ 218 881 991/218 814 600 - www.fress.pt - de mi. a lu. de 10:00 a 17:00 h - 4 € - visitas guiadas a los talleres con cita previa 10 €.
El antiguo palacio de los condes Azurara (siglo XVII) y las maravillosas colecciones que alberga fueron donadas a Lisboa por el banquero Ricardo Espírito Santo da Silva en 1953. El museo evoca la fastuosa atmósfera de una residencia aristocrática de los siglos XVII y XVIII con una sucesión de pequeñas salas decoradas con azulejos y frescos, dispuestos en tres niveles. Están especialmente bien representados los muebles portugueses e indoportugueses, así como las colecciones de plata, porcelana china y diversos tapices de los siglos XVI y XVIII. Alberga exposiciones temporales y dispone de una cafetería con un acogedor patio. Junto al museo, se creó en 1990 una escuela de artes decorativas.

Igreja de São Miguel

Situada bajo el miradouro de Santa Luzia, esta iglesia de origen románico, reconstruida tras el terremoto de 1775, presenta una hermosa boiserie barroca.

Largo de São Rafael

En el lado oeste de esta pequeña plaza rodeada de casas del siglo XVII, se pueden observar los restos de una **torre**. Esto era parte de las murallas árabes que protegieron la Lisboa cristiana hasta el siglo XIV, cuando el rey Fernando hizo construir una nueva muralla.

Rua da Judiária

En el antiguo barrio judío, fíjate en la casa con ventanas geminadas (**Casa de Janelas Geminadas**, siglo XVI), sobre los contrafuertes de la antigua muralla árabe.

Museu do Fado

Largo do Chafariz de Dentro, 1 - ℘ 218 823 470 - www.museudofado.pt - de ma. a do. de 10:00 a 17:30 h - 5 € (13-25 años 2,50 €), audioguía en eng, fra, spa y por.
Este museo nos permite conocer y escuchar el fado gracias a los soportes multimedia, los dioramas y la rica colección de objetos, entre ellos, la guitarra portuguesa de doce cuerdas de la que deriva la guitarra clásica. Venta de CD en el sitio.

Rua dos Remédios

Observa al principio de la calle, a la izquierda, la puerta de estilo manuelino de la **Iglesia del Espíritu Santo**. No muy lejos, en el nº 2 de la acera de Santo Estêvão, encontrarás otra puerta de la misma época.

Escadinhas de Santo Estêvão ★

Situada a la izquierda del nº 41 de la rua de los Remédios, esta **«pequeña escalinata»** está compuesta por una serie de rampas orientadas en diferentes direcciones que acaban

La saudade

«Es un mal que gusta, es un bien que se sufre»: así definía la saudade el poeta Camões (☉ pág. 149). La palabra, sin equivalente en otras lenguas, indica un sentimiento que para muchos caracteriza el «alma» portuguesa. El fado (☉ pág. 150) es una forma privilegiada de expresar la saudade, que «antes de ser pensada, fue cantada», como afirma el ensayista Eduardo Lourenço. El fado habla de amores inconclusos, de partidas, de rupturas, de las dificultades de la vida, de un destino contra el que nada se puede hacer. Sin embargo, esta fatalidad y esta tristeza cantadas en el fado expresan perfectamente el sentimiento contradictorio que constituye la saudade: una melancolía feliz, la dulzura de expresar un dolor, un sufrimiento que se conforma y se basta por sí solo...

formando un cuadro muy pintoresco. Pasando por detrás de la Iglesia de Santo Estêvão, observa el muro saliente y el panel de azulejos. Sube por la escalinata que bordea la iglesia: desde lo alto tendrás una hermosa **vista★** de los tejados, el puerto y el Tajo.

Beco do Carneiro

El muy estrecho Vicolo del Montone tiene una escalinata bastante empinada. Mirando hacia atrás, se tiene una bonita perspectiva de la Iglesia de Santo Estêvão..

Beco das Cruzes

En la esquina de rua da Regueira con Beco das Cruzes (callejón de las Cruces) se encuentra una casa del siglo XVIII. Sobre el marco de la puerta, un panel de azulejos representa Nuestra Señora de la Concepción: desde aquí se tiene una hermosa vista de la escalinata.

Museu do Antigo Teatro Romano

Rua de São Mamede, 3A - ☏ 215 818 530 - www.museudelisboa.pt/pt/ nucleos/teatro-romano - de ma. a do. de 10:00 a 17:30 h - 3 €.
Este yacimiento arqueológico (siglo I a. C.), distribuido en diferentes niveles a ambos lados de la calle de São Mamede, ha sido agradablemente valorizado. El teatro (hoy en ruinas), el único en territorio portugués, tenía capacidad para entre 3.000 y 5.000 espectadores. Desde la terraza, **vistas★** de arriba abajo sobre la ría.

Museu do Aljube - Resistência e Liberdade

Rua Augusto Rosa, 42 - ☏ 215 818 535 - www.museudoaljube.pt - de 10:00 a 17:30 h - 3 € (13-25 años 1,50 €).
El museo ocupa la antigua **prisión medieval del Aljube**. Inaugurado en 2015, con motivo del 41º aniversario de la **Revolución de los Claveles**, recorre el oscuro periodo de la dictadura de Salazar (1926-1974) y la lucha por la libertad en un recorrido cronológico ilustrado con documentos de archivo. En el sótano se encuentran los restos de las prisiones donde estuvieron encarcelados los presos políticos hasta 1965.

B. Rieger/hemis.fr

El histórico tranvía 28 en rua de las Escolas Gerais.

Sé Patriarcal ★★

Largo de Santo António da Sé - 📞 218 866 752 - de lu. a sá. de 09:30 a 19:00 h; de noviembre a mayo de lu. a sá. de 10:00 a 18:00 h - 4 € (7-12 años 2 €).

La Catedral de Lisboa desempeñó el papel de fortaleza, como lo demuestran sus dos torres en la fachada y sus aspilleras.

Fue construida en estilo románico a finales del siglo XII, poco después de que Alfonso I conquistara la ciudad con la ayuda de los cruzados.

Se dice que los arquitectos fueron los maestros franceses Robert y Bernard, que también construyeron la catedral de Coimbra. Sin embargo, la Sé fue remodelada varias veces, en particular a raíz de terremotos, entre ellos el de 1755, que provocó el derrumbe tanto del coro como de la linterna sobre el transepto. Una sólida restauración ha devuelto a la fachada y a la nave su aspecto románico, aunque siguen siendo visibles los elementos góticos, así como las remodelaciones que tuvieron lugar en los siglos XVII y XVIII.

Tesoro★ - *A la derecha, cerca de la entrada.* Una escalera conduce a las salas donde se exhiben magníficos ornamentos sacerdotales, relicarios y piezas de orfebrería sagrada. En la elegante sala capitular del siglo XVIII, la **custodia** del rey José I tiene incrustadas 4 120 piedras preciosas.

Interior - La **nave** principal está cubierta por una bóveda de cañón y flanqueada por un elegante triforio. El conjunto es de un estilo románico muy sobrio. El **coro**, bajo una bóveda de crucería sostenida por lunetos, fue construido en el siglo XVIII. La **rejilla★** románica de hierro forjado de la pila bautismal destaca en una capilla cercana a la entrada de la iglesia. El deambulatorio gótico (modificado en el siglo XIV) tiene hermosas ventanas lanceoladas. Una de las bellas capillas alberga las **tumbas góticas★** (siglo XIV) de Lopo Fernandes Pacheco, compañero de batalla del rey Alfonso IV y de su mujer. Otra contiene un bello belén de terracota de Machado de Castro.

Claustro - *Cerrado por excavaciones y obras hasta principios de 2023.* Muy deteriorado, principalmente de estilo gótico cisterciense (finales del siglo XIII), contiene una lapidaria. La galería inferior se apoya en potentes contrafuertes que se alternan con arcos góticos coronados por óculos estrellados.

Se exponen restos románicos e islámicos que salieron a la luz durante las excavaciones.

Igreja de Santo António

Largo de Santo António da Sé, 22 - stoantoniolisboa.com.

Cerca de la catedral, la iglesia fue construida en 1812 en el lugar donde presumiblemente se encontraba la casa natal de **San Antonio de Padua** (1195-1231), a quien los lisboetas llaman: ¡San Antonio de Lisboa!

Museu Antoniano - *A la izquierda de la iglesia - de ma. a do. de 10:00 a 18:00 h - 3 € (menores de 12 años gratis).* Está enteramente consagrado a San Antonio con figuras naif, pinturas y paneles de azulejos.

Igreja da Conceição Velha

Rua da Alfândega.

La **fachada sur★** del transepto, único vestigio de la iglesia original que se derrumbó durante el terremoto de 1755, es un bello ejemplo de estilo manuelino. Las esculturas del tímpano representan a Nuestra Señora de la Merced protegiendo

San Antonio, el otro santo patrón de Lisboa

São Vicente es oficialmente el patrón de Lisboa desde el siglo XII y la propia imagen del escudo de la ciudad, una vasija con dos cuervos en los extremos, evoca la leyenda, conmemorando el traslado de las reliquias del santo a la ciudad. Pero en realidad, es San António, más popular y querido por los lisboetas, quien asume esta función... Fernando de Bulhões, más conocido como San Antonio de Padua, nació en Lisboa en 1195, ingresó en la orden franciscana y viajó a Marruecos, vivió en Francia y en el norte de Italia, donde sus sermones de gran humanidad le valieron un éxito considerable. Se dice que poseía el don de la ubicuidad y que, como Cristo, multiplicaba los peces en Rímini. Según la leyenda, el día de su muerte (1231 en Italia), las campanas de Lisboa repicaron solas. Fue canonizado al año siguiente. San Antonio favorece los matrimonios y la felicidad conyugal. Su invocación permite también encontrar objetos perdidos. Los lisboetas siguen celebrando con fervor al patrón de la ciudad el **13 de junio**, día festivo en Lisboa. Por todas partes surgen pequeños altares con la estatua del santo. La celebración alcanza su punto culminante con procesiones, desfiles de grupos folclóricos, fanfarrias, fuegos artificiales y bailes populares.

bajo su manto al papa León X, al rey Manuel, a la reina Leonor, etc.

Casa dos Bicos

Rua dos Bacalhoeiros, 10 - de lu. a sá. de 10:00 a 17:30 h - gratis.

La Casa de los Becchi debe su nombre al almohadillado en punta de diamante de la fachada. Formaba parte de un palacio del siglo XVI propiedad del hijo de Afonso de Albuquerque, virrey de las Indias. Durante el terremoto de 1755, perdió su primer piso, que fue reconstruido en 1982 con motivo de la exposición organizada por el Consejo de Europa sobre Portugal y los Grandes Descubrimientos Geográficos. En el interior, restos arqueológicos romanos y medievales.

El edificio alberga la **Fundación José Saramago** (*℘ 218 802 040 - www.josesaramago.org/es/ - de lu. a sá. de 10:00 a 17:30 h - 3 €, menores de 12 años gratis*), que se encarga de mantener viva la memoria del Premio Nobel de Literatura de 1998. En la primera planta se pueden encontrar objetos que pertenecieron al escritor. Las cenizas de Saramago fueron esparcidas al pie del olivo de su pueblo natal, Azinhaga, cerca de Santarém, plantado frente a la casa dos Bicos. Con motivo de la celebración del centenario del escritor, el 16 de noviembre de 2022, la fundación organizó diversas actividades (conciertos, lecturas, espectáculos).

Mouraria

Ver plano del barrio pág. 35

Partiendo de la Plaza Martim Moniz, el popular barrio de Mouraria se extiende hacia el norte hasta la estación de metro de Intendente y, hacia el este, hasta la colina del castillo. Debe su nombre a los moros, a quienes se permitió asentarse al norte de las murallas del castillo de São Jorge tras la conquista de la ciudad por los cristianos en 1147.

Largo do Intendente Pina Manique

Ⓜ *Intendente.*

Retirada de la concurrida avenida Almirante Reis y flanqueada por bellos edificios, la plaza ha sido objeto de una remodelación y ahora alberga las terrazas de los locales. Al noroeste se alza la antigua **fábrica de cerámica Viúva Lamego**, fundada en 1849, cubierta de azulejos iridiscentes y decorada con figuras alegóricas o pintorescas.

Azulejos azules y blancos, o en el estilo del siglo XVIII, cubren también la fachada del edificio en el lado de la avenida Almirante Reis.

Miradouro da Senhora do Monte ★★

Desde la Plaza Martim Moniz, accede al ascensor que recorre las escaleras de la Saúde, luego sube por las estrechas calles de la Mouraria.

Es uno de los miradores más espectaculares de Lisboa con **vistas★★★** del Castillo de São Jorge, el barrio de Mouraria y la ciudad baja. La **capilla** del mirador data de 1796, pero fue fundada en 1147, año de la reconquista de Lisboa.

Graça y Santa Apolónia

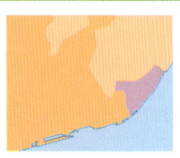

En los alrededores de Alfama y Mouraria se extienden barrios con identidades distintas. El de Graça, en las alturas al noreste de Alfama, ofrece magníficos miradores sobre la ciudad. Aquí se mezclan antiguos conventos, palacios, edificios habitados por la clase media, villas y suburbios obreros construidos en el siglo xix. Abajo, no lejos de la estación de Santa Apolónia, enormes cruceros atracan junto a antiguos muelles reconvertidos en restaurantes de moda. Por último, aguas arriba del Tajo se encuentra el apasionante Museu Nacional do Azulejo.

▶**Cómo llegar**: Ⓜ Santa Apolónia o Martim Moniz. 🚊 12E, 28E.
Plano del barrio pág. 35. Mapa extraíble FH5-7.
▶**Consejo**: si puedes, visita estos barrios el martes o el sábado, cuando se celebra la Feira da Ladra, el pintoresco mercadillo de la zona del Campo de Santa Clara.

Igreja e Convento de Nossa Senhora da Graça

Largo da Graça - 🚊 28E - ma. de 10:00 a 12:30 h y de 13:30 a 17:00 h; de mi. a sá. de 10:00 a 17:00 h; do. de 10:00 a 13:00 y de 14:00 a 17:00 h.
Este imponente complejo domina la ciudad desde la colina de la Graça. Su fundación se remonta al siglo xiii, pero ha sido reconstruido varias veces, particularmente en el siglo xvi y tras el terremoto de 1755.
Junto al portal del convento se alza el campanario, construido en 1738. El interior, de estilo rococó, está cubierto de bellos azulejos de los siglos xvii y xviii.
Miradouro da Graça - Frente a la iglesia, el mirador de la Graça, con su pequeño café al aire libre, ofrece una amplia **panorámica★** de Lisboa: al este, el castillo, al oeste, el puente y el río, bajo la Mouraria.

Igreja de São Vicente de Fora

Largo de São Vicente - 🚊 28E - ☎ 218 824 400 - de lu. a sá. de 8:00 a 13:00 h y de 14:00 a 17:00 h - gratuito - conciertos de órgano: información en el sitio.
Construida por el arquitecto italiano Filippo Terzi, la iglesia se encontraba en el momento de su construcción (1582-1627) «de fora», es decir, fuera de las murallas de la ciudad.
Imponente ejemplo de arquitectura manierista, este edificio jesuita serviría de inspiración, hasta el siglo xviii, para iglesias de todas las ciudades del Imperio, desde Brasil hasta Macao.
El interior, cubierto por una hermosa bóveda artesonada, se distingue por sus líneas esenciales. La iglesia está dedicada a San Vicente, patrón «oficial de Lisboa» (*☾ cuadro de texto pág. 30*).

Mosteiro de São Vicente de Fora

Largo de São Vicente - mosteirode saovicentedefora.com - `Tram` *28E - 📞 218 810 559 - de ma. a do. de 10:00 a 17:00 h - 5 €.*

El convento se abre a la derecha de la iglesia. En la **puerta de entrada** *(portaria)*, en el techo pintado al fresco por Vicente Baccarelli (siglo XVIII), un gran panel de azulejos representa la toma de Lisboa por los moros: están representados el castillo de São Jorge y la catedral.
El primer **claustro** de los frailes agustinos está dominado por una terraza con paredes cubiertas de **azulejos★** del siglo XVIII que evocan los cuentos de hadas de La Fontaine. Separado del primero por una sacristía de mármol policromado, el segundo claustro, da acceso al antiguo refectorio de los monjes, transformado tras el reinado de Juan IV en panteón de la dinastía de los Braganza.

Campo de Santa Clara ★

`Tram` *28E.* Esta agradable plaza, enmarcada por elegantes fachadas, se extiende entre las iglesias de São Vicente de Fora y Santa Engrácia. Todos los martes y sábados acoge la **Feira da Ladra** (Feria de la Ladrona), un pintoresco **mercadillo** en el que se pueden encontrar algunas preciosas cerámicas antiguas entre los trastos (*⊙ «De compras» pág. 105*).
En el lado norte, el **Palacio Lavradio** (siglo XVIII) es la sede del tribunal militar. En el centro, el pequeño **jardín Botto Machado** ofrece un descanso entre las esencias exóticas y una hermosa vista del «mar de paja», que se encuentra debajo.

Igreja de Santa Engrácia - Panteão Nacional ★

Campo de Santa Clara- `Tram` *28E - 📞 218 854 820 - www.panteaonacional.gov. pt - de ma. a do. de 10:00 a 17:40 h; de octubre a marzo de ma. a do. de 10:00 a 16:40 h - 4 €.*

Esta iglesia iniciada en el siglo XVII nunca se ha terminado. La expresión «como las obras de Santa Engrácia» ha entrado incluso en el lenguaje popular para indicar una obra que nunca se termina. Con forma de cruz griega y coronada por una cúpula que complementa armoniosamente la fachada barroca, la iglesia se inauguró en 1966. Se convirtió en el **Panteón Nacional** y alberga en su centro los cenotafios de grandes personalidades portuguesas, como Camões, Enrique el Navegante, Pedro Álvares Cabral, Vasco da Gama, Afonso de Albuquerque y Nuno Álvares Pereira. En julio de 2001, la fadista Amália Rodrigues (*⊙ pág. 152*) fue la primera mujer trasladada al Panteón Nacional. La terraza de la catedral ofrece una hermosa **vista★** del Tajo.

Museu Militar

Largo do Museu da Artilharia - `M` *Santa Apolónia - 📞 218 842 569 - de ma. a do. de 10:00 a 17:00 h - 3 € (menores de 12 años gratis).*

A orillas del Tajo, el antiguo arsenal del siglo XVIII no solo ha conservado sus notables boiseries, sino también sus azulejos y techos que representan, en su mayoría, escenas de batalla. Maquetas, pinturas y numerosas armas desde el siglo XVI hasta finales del XIX, fabricadas en Portugal o en el extranjero, evocan el pasado militar del país.

LISBOA
MOURARIA - GRAÇA -
SANTA APOLÓNIA
plano III

N

0 _____ 300 m

🚡 *Elevador*

R. Maria Andrade

R. Andrade
Intendente

R. Maria da Ponte

R. Angelina Vidal

R. da Penha de França

Av. Gen. Roçadas

Av. Alm. Reis

R. Damasceno Monteiro

R. dos Sapadores

R. Afonso Domingues

R. do Vale de Santo António

Calç. Dos Barbadinhos

9 Largo do
Intendente
Pina Manique

52

Capela de
N. S. do Monte

8 R. da Graça

3

Miradouro
da Senhora
do Monte

6

R. da Senhora da Glória

R. da Bela Vista à Graça

R. de São Lázaro

R. Palma

R. do Benformoso

GRAÇA

Jardim da
Cerca da Graça

Largo
da Graça

Convento de
N. S. da Graça

R. da Verónica

R. dos Lagares

R. da Voz do Operário

R. Leite de Vasconcelos

Palácio
Lavradio

**SANTA
APOLÓNIA**

Miradouro
da Graça

R. Cavaleiros

Pr. Martim
Moniz

R. Márquês Ponte
de Lima

Calç. de Sto André

10 Sta
Clara

Campo
de Sta
Clara

Jardim
Botto Machado

38 **36**

*Martim
Moniz*

Castelo de
São Jorge

62

MOURARIA

Núcleo
Museológico

R. da Madalena

Largo das
Portas
do Sol

São Vicente
de Fora

Santa Engrácia-
Panteão Nacional

*Santa
Apolónia*

Av. Infante Dom Henrique

4

R. de São Mamede

15 Museu de Artes
Decorativas

Miradouro de
Santa Luzia

34

Santo
Estêvão

ALFAMA

São Miguel

2

7 R. dos Remédios

Museu
Militar

R. Jardim do
Tabaco

Elevador
do Castelo

R. dos
Fanqueiros

Museu do Aljube

Santo
António

2

Sé

Casa dos
Bicos

R. da Alfândega

Alfândega

R. Cais
de Santarém

5

R. da
Prata

Igreja da
Conceição Velha

Largo José
Saramago

**PRAÇA
DO
COMÉRCIO**

*Terreiro
do Paço*

Av. Infante Dom Henrique

*Doca
da Marinha*

ESTAÇÃO FLUVIAL

Cais das
Colunas

SEIXAL   BARREIRO, MONTIJO

35

DÓNDE COMER

Le Petit Café.................**34**
Santa Clara
dos Cogumelos...........**38**
Ramiro.........................**52**
Cantinho do Aziz.........**62**

A Arte da Terra.............**8**
A Vida Portuguesa.......**9**
Feira da Ladra.............**10**
Armazém das Caldas..**36**

DÓNDE BEBER

Chapitô.........................**6**
Tejo Bar.......................**7**

SALIR POR LA NOCHE

A Baiuca.......................**2**
Tasca do Jaime............**3**
Lux Frágil.....................**4**

COMPRAS

Conserveira
de Lisboa.....................**2**
Chi Coração.................**5**

DÓNDE DORMIR

Albergaria Senhora
do Monte......................**6**
Solar dos Mouros........**15**

Museu da Água da EPAL ★

G5 *Rua do Alviela, 12 - 📞 218 100 215 - www.epal.pt - Ⓜ Santa Apolónia, 🚌 712 o 735 - de ma. a sá. de 10:00 a 12:30 h y de 13:30 a 17:30 h - 4 €.*

El Museo del Agua de EPAL (empresa responsable del abastecimiento de agua de la ciudad de Lisboa) ilustra la historia de la distribución de agua en Lisboa (🄲 *cuadro de texto abajo*) y en particular el proyecto Águas Livres (aguas libres), concebido por el ingeniero Manuel da Maia. Se encuentra en el interior de la antigua **estación de turbinas de vapor de Barbadinhos**, interesante ejemplo de arquitectura industrial (último cuarto del siglo XIX) que combina ladrillo, madera, hierro fundido y cobre en torno a cuatro poderosas máquinas de vapor, una de las cuales sigue en funcionamiento para los visitantes.

Museu Nacional do Azulejo ★★

H4 *Rua da Madre de Deus, 4 - 📞 218 100 340 - www.museudoazulejo.pt - 🚌 759, 742 o 718 (parada Igreja Madre de Deus) - de ma. a do. de 10:00 a 17:30 h - 5 €.*

A pesar de estar un poco apartado, el imperdible Museo Nacional de los Azulejos ocupa los edificios de la **Iglesia y Convento de la Madre de Deus** fundado en el siglo XVI y reconstruido en gran parte tras el terremoto (admira el hermoso portal de estilo manuelino de la fachada de la iglesia en el lado de la calle). Ilustra la gran aventura de los azulejos, desde los inicios hispano-moriscos en el siglo XV hasta las realizaciones modernas.

En la planta baja, en las galerías que rodean el claustro, encontrarás los más bellos ejemplos de azulejos importados de Sevilla en los siglos XV y XVI que fueron sustituidos por el estilo de la mayólica renacentista italiana y retomados por los primeros talleres portugueses. Fíjate especialmente en el retablo de Nossa Senhora da Vida (1580), que representa la Natividad. Sal del claustro para entrar en la iglesia por el *coro bajo,* cuyas paredes están adornadas con azulejos sevillanos del siglo XVI. La **iglesia★★** (siglo XVIII) deslumbra por su profusión de maderas doradas, sobre todo en el púlpito barroco. La nave está cubierta por una bóveda artesonada cuyos

Historia del agua

Los intentos de canalizar las aguas que fluían desde el pie de la Sierra de Sintra hacia Lisboa habían comenzado en 1571, pero hubo que esperar hasta 1731 y a la autorización del rey Juan V para la construcción del Acueducto de las Águas Livres (1732-1748). El agua se recogía en el aljibe de la Mãe d'Água das Amoreiras (1752-1834, pág. 49), desde donde se distribuía a las fuentes y tuberías de la ciudad. En 1880, se añadió a esta red la estación de turbinas de Barbadinhos, que hoy alberga el Museu da Água *(ver más arriba)*. El Reservatório da Patriarcal *(pág. 48)* completó el sistema que abasteció a la ciudad hasta 1967.

El Museu Nacional do Azulejo.

picturelibrary/Alamy/hemis.fr

encuentran magníficos paneles que representan animales, batallas y escenas de la vida cotidiana.

La suntuosidad y exuberancia de la capilla consagrada a San Antonio y sobre todo la **sala capitular★** que domina la nave son impresionantes. El techo artesonado contiene pinturas de los siglos XVI y XVII. Se dice que los retratos del rey Juan II y su esposa Catalina de Austria son de Cristóvão Lopes. Las paredes están cubiertas de pinturas que ilustran la vida de Cristo. Las otras salas del piso acogen en ocasiones exposiciones temporales que muestran la continuidad del arte del azulejo a través de creaciones modernas como las que decoran algunas estaciones de metro de Lisboa, obras de artistas destacados como Júlio Pomar y Maria Helena Vieira da Silva.

En el segundo piso hay una **vista panorámica de Lisboa** antes del terremoto de 1755. Es un documento precioso: una composición azul y blanca de 23 m de largo compuesta por aproximadamente 1.300 azulejos. El restaurante-bar del museo, con su patio decorado con «atractivos azulejos» (jamones, conejos y otras delicias) regala un ambiente refrescante.

☛ *Ver también el capítulo «Azulejos y cerámica portuguesa» pág. 140.*

paneles representan la vida de la Virgen María. En las paredes, las pinturas representan la vida de Santa Clara, a la izquierda, y de San Francisco, a la derecha. La parte inferior está decorada con mayólicas holandesas del siglo XVIII.

Para subir al piso superior se cruza el encantador **claustro manuelino**, que conserva sus azulejos policromados (siglos XVI-XVII). En el primer piso se

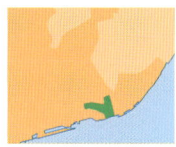
El Chiado★
y Santa Catarina

Enclavado entre las calles peatonales de Carmo y Garret, el Chiado es la zona elegante, intelectual y aristocrática de Lisboa que actúa como aglutinante entre la Baixa y los barrios antiguos del Barrio Alto. Destruido por un violento incendio en 1988, el barrio fue reconstruido por el arquitecto portugués Álvaro Siza Vieira respetando el estilo clásico que lucía anteriormente. Sin embargo, pasaron varios años antes de que volviera a la vida, renovando las lujosas tiendas, las galerías de arte y los grandes almacenes que le dieron fama. Es un placer pasear por ella, antes de llegar a Santa Catarina, hacia el este, para hacer una parada panorámica.

▶**Cómo llegar**: Ⓜ Baixa-Chiado. 🚊 28E.
Plano del barrio pág. 42. Mapa extraíble DE6-7.
▶**Consejo**: los callejones de este barrio son empinados y resbaladizos cuando llueve; para disfrutar del paseo, lleva calzado adecuado.

Elevador de Santa Justa (o elevador do Carmo) ★★

🕿 213 613 054 - de 07:30 a 23:00 h; de noviembre a febrero de 07:30 a 21:00 h - Passe Navegante ocasional (🕒 pág. 127) o 5,30 € ida y vuelta, mirador incluido. Solo mirador: de 09:00 a 23:00 h (invierno hasta 21:00 h) - 1,50 €.
Único ascensor vertical de uso público de Lisboa, con estructura principal de hierro y decoraciones neogóticas, fue construido en 1901 por Raúl Mesnier de Ponsard, ingeniero portugués de origen francés influenciado por Gustave Eiffel. Ofrece acceso directo al barrio de Chiado, evitando escaleras y callejuelas empinadas. Desde el bar de la plataforma superior, 32 m por encima de la calle, hay una hermosa **vista**★ sobre el Rossio y la Baixa.

Igreja do Carmo - Museu Arqueológico ★

Largo do Carmo - 🕿 213 478 629 - www.museuarqueologicodocarmo.pt - de lu. a sá. de 10:00 a 19:00 h; de octubre a abril de lu. a sá. de 10:00 a 18:00 h - 5 €.
La iglesia gótica, construida a finales del siglo XIV por Nuno Álvares Pereira, condestable de Portugal, tiene un aire fantasmal. Sus columnas se elevan hacia el cielo pero ya no sostienen la bóveda de la nave, que fue destruida durante el terremoto de 1755. Visión romántica: he aquí un claro ejemplo de «ruinas de la memoria» de las que se alimenta la mitología lisboeta.
El lugar alberga las colecciones del **Museo Arqueológico** que incluyen cerámica de la Edad del Bronce, bajorrelieves de mármol, azulejos hispanoárabes y tumbas románicas y

góticas (sepulcros de Fernão Sanches, hijo natural del rey Dionisio I, y de Nuno Álvares Pereira).

La Iglesia del Carmo domina una de las plazas más agradables de Lisboa, **Largo do Carmo**, rodeada de tilos centenarios y jacarandas. Las terrazas de los bares invitan a hacer una parada.

Rua do Carmo ★ y rua Garrett

A lo largo de estas dos calles peatonales se suceden comercios con escaparates antiguos y galerías comerciales. Al final llegarás al famoso café **A Brasileira** (☛ *«Dónde beber» pág. 99)* frecuentado regularmente por el poeta **Fernando Pessoa**. Tras el centenario de su nacimiento, en 1988, Pessoa recuperó su lugar en una de las mesas de la terraza, pensativo con su «vestido» de bronce.

Teatro Nacional de São Carlos

Rua Serpa Pinto, 9 - ☏ 213 253 045 - www.tnsc.pt - visitas guiadas bajo petición, reservar en: visitas@ saocarlos.pt.

Situada en un barrio tranquilo con vistas al Tajo, la ópera de Lisboa fue construida en 1793, en menos de seis meses, en estilo neoclásico.

Su fachada está inspirada en la del Teatro San Carlo de Nápoles. Ofrece una programación de música clásica (☛ *«Salir por la noche» pág. 112).*

Museu Nacional de Arte Contemporânea do Chiado (MNAC) ★

Rua Serpa Pinto, 4 - ☏ 213 432 148

- www.museuartecontemporanea.gov.pt - de ma. a do. de 10:00 a 17:30 h - 4,50 €.

Este convento del siglo XIII se transformó en una fábrica de galletas a finales del siglo XIX y luego en un Museo de Arte Contemporáneo en 1911. Después del incendio de 1988, el arquitecto francés Jean-Michel Wilmotte lo renovó elegantemente, creando un espacio abierto conectado por pasarelas que revelan las antiguas estructuras de ladrillo. Observa los cuatro hornos de pan en el primer piso, restos de la antigua fábrica. El museo alberga exposiciones temporales y una colección permanente de pinturas, esculturas y dibujos de artistas portugueses desde el período romántico hasta el siglo XXI. La visita puede finalizar en la **cafetería**, abierta a un jardín adornado con esculturas.

Praça Luís de Camões

Cubierta por los famosos adoquines portugueses con diseños originales, esta plaza, con la estatua del gran poeta épico en su centro, fue el escenario de la **Revolución de los Claveles** el 25 de abril de 1974. Tras ocupar los cuarteles del Largo do Carmo, donde se encontraba el Primer Ministro, el pueblo escoltó a los tanques militares que subieron el Chiado y luego se detuvieron en la plaza para celebrar su recién conquistada libertad. La Plaza Camões está llena de hermosos edificios y cuenta con un imprescindible quiosco de refrescos con mesas al aire libre. Atravesada por tranvías, limita con el barrio de Chiado y el Barrio Alto. Lugar de encuentro, la plaza está muy animada durante las

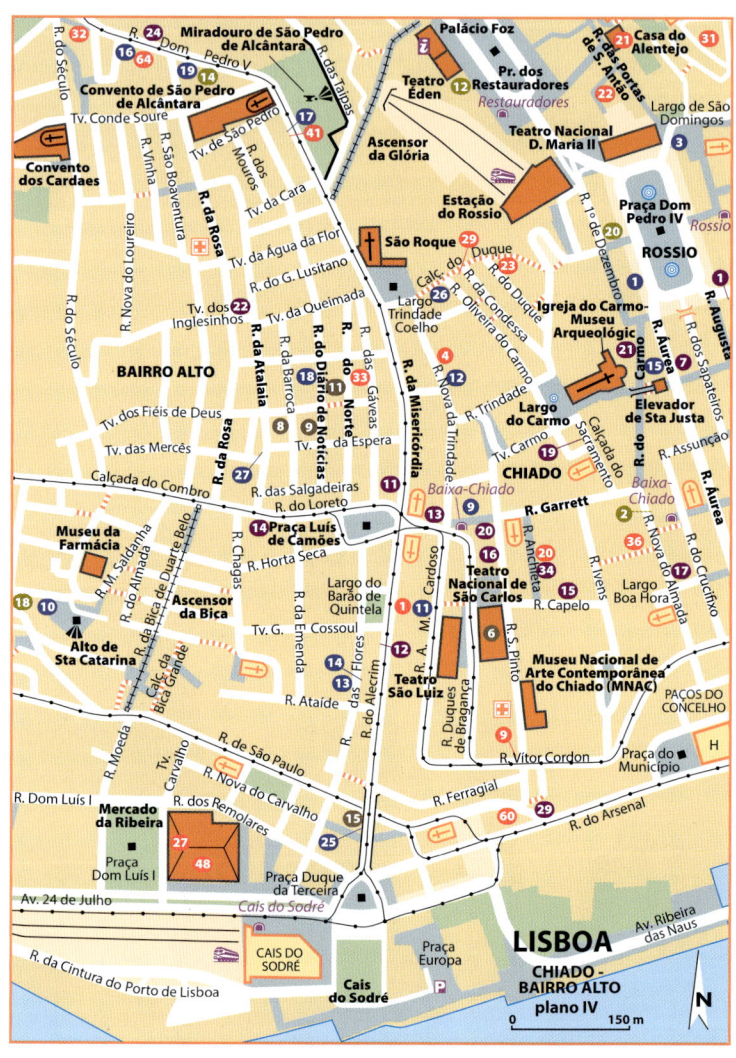

LISBOA

CHIADO - BAIRRO ALTO

plano IV

0   150 m

N

fiestas populares. El Tajo aparece hacia el sur, al final de la empinada rua de Alecrim (calle Rosmarino). Al norte, la **rua de la Misericórdia** conduce al Barrio Alto, que se extiende por su flanco occidental.

Ascensor da Bica ★

Cruza la Plaza Luís de Camões y camina por la rua do Loreto - de lu. a sá. de 07:00 a 21:00 h, do. de 09:00 a 21:00 h - Passe Navegante ocasional (☉ pág. 127) o 3,80 € ida y vuelta.

Aunque en proceso de renovación, el pequeño y animado barrio de **Bica**, en el flanco sur del Barrio Alto, bajando hacia el río, conserva su ambiente definitivamente popular y una vida comunitaria muy unida. El histórico funicular de Bica sube por la ladera de la calzada de Bica Grande.

Museu da Farmácia ★

R. Marechal Saldanha, 1 - ✆ 213 400 688 - www.museudafarmacia.pt - de lu. a vi. de 10:00 a 17:30 h, sá. de 10:00 a 12:30 h y de 14:00 a 17:30 h - 6 €.

Poco conocido, este espléndido museo ubicado en un palacio de la década de 1870 presenta una rica colección compuesta por más de 16 000 objetos procedentes de todo el mundo: desde sarcófagos egipcios a cerámicas romanas, pasando también por jarrones toscanos o estatuillas congoleñas. También expone varias

DÓNDE COMER

Palácio Chiado	1
Bairro do Avillez	4
Ao 26	9
Alma	20
Casa do Alentejo	21
Gambrinus	22
Café Buenos Aires	23
Pap' Açorda	27
Oficina do Duque	29
Cerqueira	31
A Cevicheria	32
Cervejaria do Bairro	33
Organi Chiado	36
Decadente (The)	41
Mercado da Ribeira	48
Clube do Bacalhau	60
Tapisco	64

DÓNDE BEBER

Café Nicola	1
A Ginjinha	3
A Brasileira	9
Noobai	10

Café No Chiado	11
O Purista - Barbière	12
By the Wine	13
Landeau Chocolate	14
Gelados Santini	15
Pavilhão Chinês	16
Insólito (The)	17
Old Pharmacy (The)	18
Patriarcal - Panificação Reunida de São Roque	19
Pensão Amor	25
Duque Brewpub	26
Majong	27

COMPRAS

Manuel Tavares	1
Discoteca Amália	7
Vegan Nata/A Carioca	11
Fábrica Sant'Anna	12
Vista Alegre	13
Caza das Vellas Loreto	14
Cerâmicas na Linha	15
Burel Factory	16
Livraria Ferin	17

Lua de Champagne	19
Paris em Lisboa	20
Luvaria Ulisses	21
A Fábrica dos Chapéus	22
Solar	24
Loja das Conservas	29
A Vida Portuguesa	34

SALIR POR LA NOCHE

Teatro Nacional de São Carlos	6
Galeria Zé dos Bois (ZDB)	8
Tasca do Chico	9
Grapes & Bites Winehouse	11
O Bom O Mau e O Vilão	15

DÓNDE DORMIR

Hotel do Chiado	2
VIP Eden	12
Pensão Londres	14
Monte Belvedere	18
Rossio Hostel	20

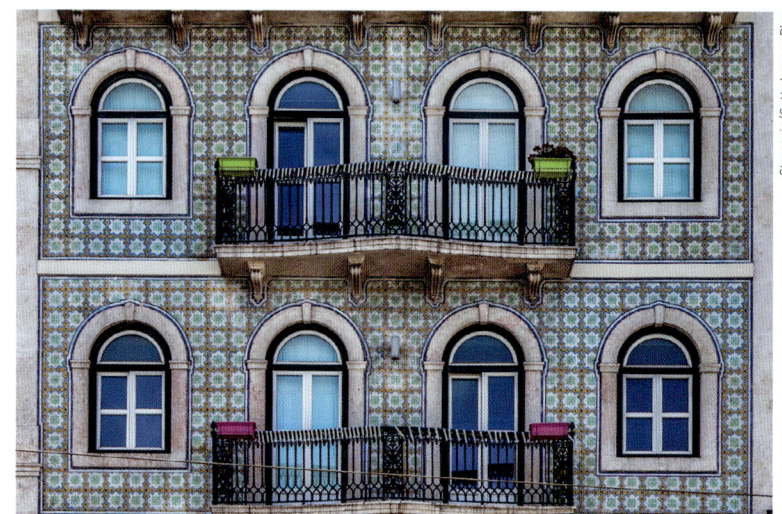

Starcevic/Getty Images Plus

Detalle de un edificio decorado con azulejos en el Largo Trindade Coelho.

reconstrucciones de farmacias de los siglos XV al XIX: lo más destacado es una extraordinaria farmacia china del siglo XIX en funcionamiento hasta 1996, en Macao.

Alto de Santa Catarina ★★

En lo alto de la rua Marechal Saldanha. El tranquilo mirador de Santa Catarina regala un panorama excepcional del Tajo, los muelles y el puente 25 de Abril. La vista es particularmente hermosa al final de la tarde, al atardecer.

Aquí está la **estatua de Adamastor**, el monstruo marino de *Las Lusiadas* de Camões, un gigante mítico que aterrorizaba a los navegantes del siglo XV. Según la leyenda, Adamastor fue derrotado por el navegante Bartolomeo Diaz, el primero en cruzar el «Cabo de las Tormentas», rebautizado como Cabo de Buena Esperanza por el rey Juan II a fin de que fuera un buen augurio para llegar a la India. La terraza del cercano bar Noobai es el lugar ideal para relajarse. (◉ *«Dónde beber» pág. 99*).

El Barrio Alto★

La «Ciudad Alta» era, en el siglo XVII, el poderoso feudo de los jesuitas, que se habían instalado en torno a la iglesia de San Rocco. Su austero puritanismo dio paso a la imaginación desenfrenada de jóvenes estilistas, artistas bohemios y diseñadores de moda. Establecidos aquí en 1980, invirtieron en este popular barrio, convirtiéndolo en el centro de la «movida» lisboeta. Bares alternativos y restaurantes de moda se apiñan en el entrenzado de callejuelas, donde las fachadas desconchadas se alternan con edificios con balcones de hierro forjado. Tranquila y somnolienta durante el día, la colina cobra vida por la noche con una colorida «fauna» que deambula de bar en bar hasta el amanecer.

▶ **Cómo llegar**: Ⓜ Baixa-Chiado. 🚋 28E. Ascensor de Glória de la Plaza de los Restauradores.

Plano del barrio pág. 42. Mapa extraíble DE5-6.

▶ **Consejo**: las calles comerciales más animadas son la rua del Norte, la rua del Diário de Notícias, la rua de Atalaia y la rua de la Rosa.

Igreja de São Roque ★

Largo Trindade Coelho - ☏ 213 235 444 - ma.-do. 10:00-18:00 h - gratis.
Fue construida a finales del siglo XVI por el arquitecto italiano Filippo Terzi, que también diseñó la Iglesia de São Vicente de Fora; la fachada original no resistió el terremoto de 1755 y fue reconstruida. El **interior★** impresiona por la elegancia de su decoración. El techo de la nave, de madera pintada, es obra de artistas influenciados por el arte italiano; las pinturas representan escenas bíblicas. En la 3ª capilla a la derecha, nota los **azulejos** del siglo XVI y una tabla de Gaspar Vaz (siglo XVI), que representa la visión de San Rocco. La **capilla de São João Baptista★★** (4ª a la izquierda), una obra maestra del arte barroco italiano, fue construida según un diseño de Salvi y Vanvitelli entre 1742 y 1750 en Roma, donde recibió la bendición del Papa. En la construcción participaron ciento treinta artistas; desmontada y transportada a Lisboa en tres carabelas por orden del rey Juan V, fue reconstruida hacia 1750 en la Iglesia de São Roque. El conjunto es de una gran riqueza: columnas de lapislázuli delante del altar de amatista, escalones de pórfido, ángeles de mármol blanco de Carrara y marfil, columnas de alabastro; revestimiento de suelos y pinturas en las paredes en mosaicos de colores; frisos, capiteles y techos embellecidos con madera dorada.

Museu de São Roque ★

Largo Trindade Coelho - ☏ 213 235 444 - https://museusaoroque.scml.pt/ - de

ma.a do. de 10:00 a 17:30 h - 2,50 €.
Adyacente a la iglesia de São Roque, este museo expone algunas pinturas portuguesas del siglo XVI y el **tesoro de la capilla de São João Baptista**. Muebles y piezas de joyería de artistas italianos del siglo XVIII destacan por la riqueza de la decoración barroca. Además de dos monumentales candelabros de plata dorada de 350 kg de peso cada uno, el museo alberga una interesante colección de arte oriental que incluye Cristos de marfil de origen indio.

Miradouro de São Pedro de Alcântara ★

Estación Superior ascensor de Glória.
En el extremo noreste del Barrio Alto, este agradable jardín forma una especie de balcón sobre la ciudad baja regalando un panorama **visual★★** de la Baixa, el Tajo y las colinas del castillo de São Jorge enfrente *(panel de orientación)*. La vista es particularmente bella al final de la tarde, cuando el castillo se ilumina con los reflejos dorados del atardecer.

Convento de São Pedro de Alcântara

Rua Luísa Todi, 1 - ☎ 213 243 930 - de 10:00 a 19:00 h (ju. 20:00 h), lu. de 14:00 a 19:00 h; octubre-marzo de 10:00 a 18:00 h, lu. de 14:00 a 18:00 h - gratis.
El convento franciscano que domina el mirador fue construido a finales del siglo XVII y destruido en 1755, a excepción de la **capilla★** de estilo italiano situada a la entrada, decorada con mármol policromado y dedicada a Veríssimo de Lencastre, cardenal y gran inquisidor de Portugal. Los muros de la nave de la **iglesia** están adornados con

Arte efímero en las paredes de Lisboa

Desde 2008, Lisboa presta sus muros a los artistas callejeros con el consentimiento del ayuntamiento, deseoso de regular una larga tradición de grafitis de protesta y evitar el vandalismo. Fachadas ciegas, almacenes en desuso e incluso mobiliario urbano se cubren con obras de **arte callejero** que aparecen y desaparecen en función de los cambios de la ciudad. Algunos artistas urbanos portugueses, con un estilo inimitable se han forjado una reputación que traspasa fronteras: Bordalo II y sus frescos de animales hechos con desechos y materiales reciclados (serie Big Trash Animals); Vhils y sus inmensos retratos de medio tono sorprendentemente realistas; Odeith y sus impresionantes ilusiones ópticas; Akacorleone y sus explosiones de color; ±MAISMENOS± y sus eslóganes contra la sociedad consumista. Estas expresiones de poesía o rebeldía se han multiplicado en los barrios bohemios en plena renovación, como Bairro Alto o Mouraria, y se están apoderando de toda la ciudad. La **GAU (Galería Arte Urbana)** espacio de exposiciones al aire libre, pone sus paneles de madera al servicio de la inspiración de los artistas, especialmente a lo largo de la calzada que lleva al ascensor de la Glória. También merece la pena ver la **LX Factory**, donde artistas callejeros han contribuido a dar nueva vida a esta antigua fábrica del siglo XIX (☛ *pág. 55*).
☛ Galería Arte Urbano: gau.cm-lisboa.pt/galeria.html

P. Tisserand/Michelin

47

Mural firmado por Antonio Alves y RIGO en la rua de Vinha, en Bairro Alto.

un **ciclo de azulejos** que ilustra la vida de San Pedro de Alcântara (1499-1562), reformador de la orden franciscana. Observa también la tribuna cerrada y las pinturas del siglo XVIII.

Convento dos Cardaes

Rua do Secúlo, 123 - ☏ 213 427 525 - www.conventodoscardaes.com - de lu. a sá. de 14:30 a 17:30 h - 5 €, solo visitas guiadas (45 min), reservar en: visit@conventodoscardaes.com. Salvada del terremoto de 1755, ha mantenido su aspecto casi intacto desde su fundación en 1681. La **iglesia★**, con sus azulejos que combinan bien con el oro de la *talhas douradas*, es un verdadero esplendor. Los pequeños claustros y el refectorio

nos permiten recordar la vida de los monjes. La visita, que también permite descubrir una colección de objetos sagrados, finaliza en una tienda donde se venden mermeladas y otros productos ecológicos.
El edificio se ha convertido en un centro de acogida para personas con discapacidad mental.

Praça do Príncipe Real

D5 El pequeño barrio que se extiende alrededor de esta agradable plaza y de la rua de la Escola Politécnica, ha constituido durante mucho tiempo, junto con la zona cercana a la catedral y a la **rua de Sao Bento**, el rincón de los anticuarios. Ahora, estos últimos han sido suplantados por artistas y tiendas

Il jardim do Príncipe Real.

beneficiosa sombra cubriendo gran parte de la plaza, que también se convierte en un popular lugar de conversación. En la plaza, todos los sábados por la mañana encontrarás un mercado de productos ecológicos.

En el centro del jardín, el **Reservatório de la Patriarcal** (*sá. de 10:00 a 17:00 h - 2 €*), un depósito subterráneo construido para abastecer de agua a la parte baja de la ciudad, acoge espectáculos y conciertos. No olvides visitar el **Palacio Ribeiro de la Cunha**, de estilo neomorisco y con un maravilloso interior (*☾ Embaixada - «Nuestras direcciones/Compras», pág. 107*).

Jardim Botânico ★

D5 *Rua da Escola Politécnica, 58 - ✆ 213 921 800 - www.museus.ulisboa.pt - de 10:00 a 17: 00 h; de abril a septiembre de 10:00 a 20:00 h - 3 €; 6 € entrada combinada con el cercano Museo de Historia Natural y de la Ciencia.*

Encaramado en la colina que domina la Avenida de la Liberdade, el Jardín Botánico depende de la Academia de las Ciencias. Creado en 1873 con fines científicos, es uno de los más famosos de Europa por su flora subtropical. Oasis de paz en un barrio animado, ofrece hermosos paseos por senderos serpenteantes bordeados de árboles centenarios.

de moda o muebles. La zona es también el lugar de la vida nocturna gay de Lisboa.

El **jardín del Príncipe Real** ★ (o jardín França Borges) tiene un quiosco con terraza. Cerca de la entrada, un majestuoso **cedro del líbano**, que data de antes del terremoto de 1755, despliega sus inmensas ramas (sostenidas por una ingeniosa pérgola) con una apertura de más de 25 m. En verano, este árbol proporciona una

T. & B. Morandi/hemis.fr

El Rato y las Amoreiras

Al noreste del distrito de Rato se extiende el de las Amoreiras (literalmente «moreras»). No busques los árboles que dieron nombre al barrio: fueron talados para dejar espacio a las torres de Amoreiras (1983), identificables desde lejos. Criticadas durante mucho tiempo, estas torres revestidas de vidrio y mármol albergan oficinas, apartamentos de lujo y un gran centro comercial coronado por una terraza al aire libre con vistas panorámicas de Lisboa.

▶ **Cómo llegar**: 🚌 711. Ⓜ Marquês de Pombal, Rato.
Plano del barrio pág. 52. Mapa extraíble CD4-5.
▶ **Sugerencia**: desde la estación de metro de Rato, la rua de São Bento baja hasta Estrela y Madragoa, lo que te da la oportunidad de visitar estos dos barrios (◖ *pág. 50*).

Fundação Arpad Szenes-Vieira da Silva ★

Praça das Amoreiras, 56 - ✆ 213 841 490 - www.fasvs.pt - de ma. a do. de 10:00 a 18:00 h - 5 €.

La fundación ocupa una antigua fábrica de seda del siglo XVIII, renovada con sobriedad y elegancia por el arquitecto Sommer Ribeiro. Presenta una rica colección de obras de **Maria Helena Vieira da Silva** (1908-1992), que vivió la mayor parte de su vida en París, y de su marido, el artista húngaro **Arpad Szenes** (1897-1985). El museo también organiza exposiciones temporales dedicadas a artistas relacionados con los dos pintores.
Entre la fundación y el acueducto hay una bonita plazoleta arbolada con bancos y un quiosco-bar.

Reservatório da Mãe d'Água das Amoreiras

Praça das Amoreiras - ✆ 218 100 215 - www.epal.pt - de ma. a do. de 10:00 a 16:00 h - 5 €.

Este edificio, terminado en 1746, alberga una cisterna que recoge el agua del **acueducto de Aguas Libres★** (Aqueduto das Águas Livres), una obra de más de 58 km de longitud cuyo arco más alto alcanza los 65 m de altura y 29 m de anchura. En su interior encontrarás una cascada y el **arca del Agua★** (Arca da Água), con una profundidad de 7 m y una capacidad de 5500 m³. En la parte superior, la terraza ofrece una **vista★** panorámica de la ciudad.
Al lado se encuentra la **Casa del Registro**, donde se controlaban los caudales de agua de las fuentes de la ciudad.

Estrela, Madragoa y Lapa

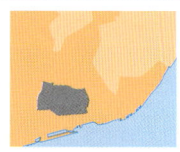

Al oeste del Bairro Alto se encuentran los barrios de Madragoa y Estrela, menos frecuentados por los turistas. Es agradable pasear sin rumbo por estas calles sinuosas, llenas de encanto y sorpresas. Los edificios, heterogéneos, se están restaurando poco a poco. Madragoa es el barrio histórico de la comunidad caboverdiana, que se asentó en torno al largo del Conde Barão y la rua Poço dos Negros (la «fosa de los negros» que sirvió de fosa común para los esclavos en los siglos XVI y XVII). Al noroeste, el agradable barrio de Campo de Ourique tiene una población muy joven y una identidad propia. Entre los ríos Tajo y Estrela se extiende el tranquilo, elegante y romántico barrio de Lapa, zona de embajadas y de la alta burguesía. Alberga antiguas residencias de la aristocracia con fachadas decoradas con azulejos. También encontrarás allí algunos hoteles de lujo.

▶ **Cómo llegar**: 🚋 28E, 25E. Ⓜ Rato, Estrela (en planificación).

50

Plano del barrio pág. 52. Mapa extraíble CD5-7.

▶ **Consejo**: para prolongar la visita a la Casa-Museo Amália Rodrigues, nada mejor que un concierto de fado (◉ *«Nuestras direcciones/Salir por la noche» pág. 112*).

Casa Fernando Pessoa ★

Rua Coelho da Rocha, 18 - 🚋 25E, 28E - ☎ 213 913 270 - www.casafernando pessoa.pt - de ma. a do. de 10:00 a 17:00 h - 5 €.
Esta casa donde el poeta, escritor y narrador Fernando Pessoa vivió los últimos quince años de su vida (1920-1935) es ahora un centro de investigación dedicado a la obra del más famoso de los lisboetas y a su promoción. Situado en el barrio residencial de **Campo de Ourique** y renovado en 2020, el edificio ha sido rediseñado con un estilo moderno y funcional. Alberga las obras, archivos y objetos que pertenecieron al escritor. Se evoca su juventud en Sudáfrica, así como su vida en Lisboa y sus lugares favoritos. El espacio expositivo reúne pinturas (incluido el famoso retrato de Pessoa de Almada Negreiros), esculturas y videoinstalaciones. Una librería recoge volúmenes de poesía portuguesa y extranjera.

Cemitério dos Ingleses

Rua São Jorge, 6 - de lu. a vi. 1 de 10:30 a 13:00 h, do. de 11:00 a 13:00 h - gratis.
Con sus grandes cipreses y sus tumbas cubiertas de musgo o boj, el cementerio de los Ingleses es un inesperado oasis de tranquilidad en el corazón de la ciudad. Construido a principios del siglo XVIII, acoge los

enterramientos de ingleses que vivieron en Portugal. Allí yace el poeta Henry Fielding (1707-1754).

Jardim da Estrela ★★

19:00 h-atardecer - gratis.
Este jardín de barrio, creado en plena época romántica, es uno de los más tranquilos y agradables de Lisboa, con sus numerosos aromas exóticos, animales en libertad (gansos, cisnes, patos, etc.), fuentes y cuevas artificiales. El jardín también cuenta con zonas de juegos infantiles, una pequeña biblioteca y tres quioscos a la sombra, uno de ellos al borde de un estanque. Es el lugar ideal para un picnic o una pausa de lectura.

Basílica da Estrela ★

Praça da Estrela - 🚋 28E y 25E - de 08:45 a 20:00 h; terraza: de 10:00 a 18:00 h (18:40 h en verano) - basílica: gratuita; terraza: 5 €.
El santuario, con su solemne fachada, se construyó a finales del siglo XVIII, según los deseos de la conservadora reina María, en una época en la que el estilo barroco estaba obsoleto. La bóveda del crucero está coronada por una hermosa **cúpula**★ adornada con una linterna.
En el interior, en una sala a la derecha del altar mayor, hay un impresionante **belén**, con personajes de tamaño natural, esculpido por Machado de Castro.

Casa-Museu Amália Rodrigues

Rua de São Bento, 193 - 📞 213 971 896 - amaliarodrigues.pt - de ma. a do. de 10:00 a 18:00 h - visitas guiadas (eng,

La Basílica da Estrela.

fra, por - aprox. 40 min) 7 €.
Dos años después de la muerte de la reina del **fado** Amália Rodrigues (1920-1999) y pocos días después del traslado de sus restos al Panteón nacional (☞ *pág. 34*), la casa donde la artista había vivido la mayor parte de su vida fue transformada en museo, según sus deseos. La disposición de los objetos ha cambiado un poco, pero su casa parece estar todavía habitada por la diva, con cuadros, retratos, instrumentos musicales, medallas y condecoraciones, vestuario escénico, joyas, etc. En el comedor, la mesa está puesta y parece lista para recibir a los invitados. La visita finaliza en un pequeño jardín, testimonio del amor que tenía la cantante por las flores. A veces se organizan veladas de fado.
☞ *Ver también «El Fado» pág. 150.*

stevebphotography/Getty Images Plus

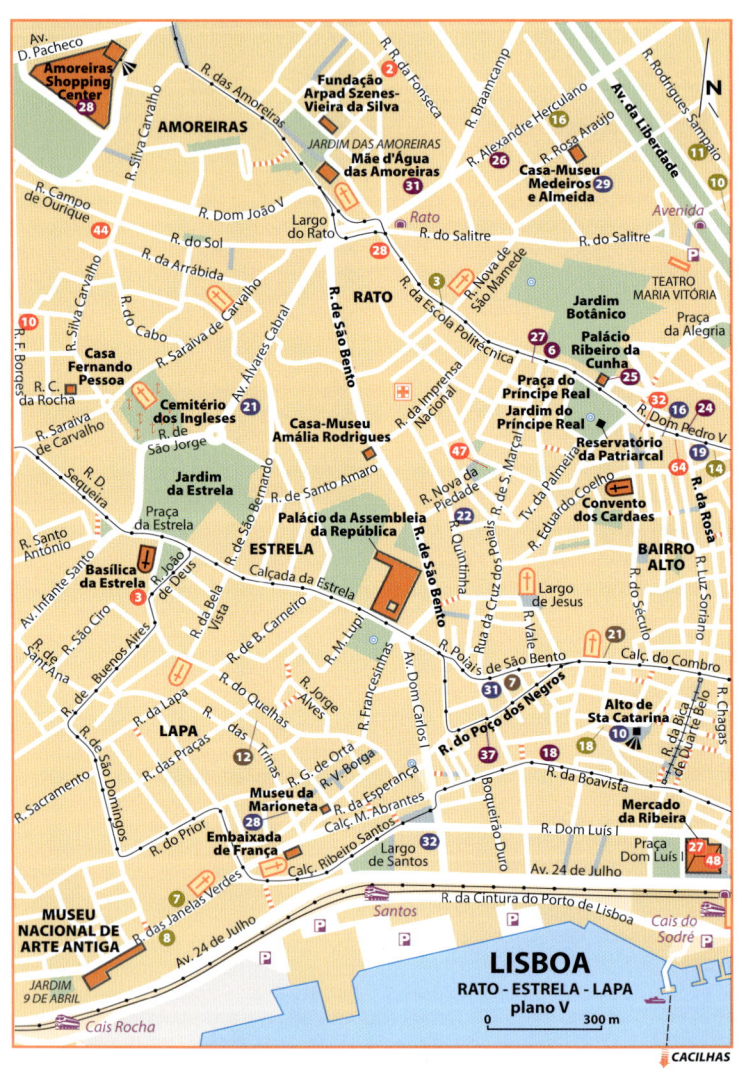

Av. D. Pacheco

Amoreiras Shopping Center 28

R. Silva Carvalho

R. das Amoreiras

AMOREIRAS

Fundação Arpad Szenes-Vieira da Silva 2

R. da Fonseca

R. Braamcamp

R. Rodrigues Sampaio

N

JARDIM DAS AMOREIRAS

Mãe d'Água das Amoreiras 31

R. Alexandre Herculano

R. Rosa Araújo

Av. da Liberdade

11

10

Casa-Museu Medeiros e Almeida 29

26

R. Campo de Ourique

R. Dom João V

Largo do Rato

Rato

R. do Salitre

R. do Salitre

Avenida

44

R. do Sol

R. da Arrábida

28

R. do Salitre

TEATRO MARIA VITÓRIA

10

R. F. Borges

R. Silva Carvalho

R. do Cabo

R. Saraiva de Carvalho

RATO

R. da Escola Politécnica

R. Nova de São Mamede

3

Jardim Botânico

Praça da Alegria

Casa Fernando Pessoa

R. C. da Rocha

R. Álvares Cabral

R. de São Bento

27

6

Palácio Ribeiro da Cunha

25

R. Saraiva de Carvalho

Cemitério dos Ingleses 21

Casa-Museu Amália Rodrigues

Praça do Príncipe Real

Jardim do Príncipe Real

32 16 24

R. de São Jorge

R. da Imprensa Nacional

R. Dom Pedro V

19

R. D. Sequeira

Jardim da Estrela

R. de São Bernardo

R. de Santo Amaro

47

Reservatório da Patriarcal

64

14

R. da Rosa

Praça da Estrela

R. Nova da Piedade

22

Convento dos Cardaes

R. Santo António

Av. Infante Santo

Basílica da Estrela

R. João de Deus

3

Palácio da Assembleia da República

R. de São Bento

R. Quintinha

Rua da Cruz dos Poiais

R. de S. Marçal

Tv. da Palmeira

R. Eduardo Coelho

BAIRRO ALTO

R. Luz Soriano

R. do Século

R. São Ciro

R. da Bela Vista

Calçada da Estrela

ESTRELA

Largo de Jesus

R. de B. Carneiro

R. M. Lup

R. Poiais de São Bento

21

Calç. do Combro

R. Chagas

R. de Sant'Ana

Buenos Aires

R. do Quelhas

R. Jorge Alves

R. Francesinhas

Av. Dom Carlos

R. Vale

31 7

Alto de Sta Catarina

R. da Bica de Duarte Belo

LAPA

R. da Lapa

R. das Praças

12

R. das Trinas

R. G. de Orta

R.V. Borga

R. de Poço dos Negros

37 18

10

18

R. da Boavista

R. de São Domingos

Museu da Marioneta

R. da Esperança

Calç. M. Abrantes

Mercado da Ribeira

R. Sacramento

Embaixada de França 28

Calç. Ribeiro Santos

Largo de Santos 32

Boqueirão Duro

R. Dom Luís I

Praça Dom Luís I

27 48

7

MUSEU NACIONAL DE ARTE ANTIGA

R. das Janelas Verdes 8

Av. 24 de Julho

Santos

Av. 24 de Julho

R. da Cintura do Porto de Lisboa

Cais do Sodré

JARDIM 9 DE ABRIL

Cais Rocha

LISBOA
RATO - ESTRELA - LAPA
plano V

0   300 m

CACILHAS

DÓNDE COMER
Forno d'Oro . . . . ②
Loco . . . . ③
Dalí Cozinha Surreal . . . . ⑩
Pap' Açorda. . . . . ㉗
Real Fábrica . . . . ㉘
A Cevicheria. . . . . ㉜
Casa dos Passarinhos . . . . ㊹
Pão de Canela . . . . ㊼
Mercado da Ribeira. . . . . ㊽
Tapisco. . . . . ㉔

DÓNDE BEBER
Noobai. . . . . ⑩
Pavilhão Chinês . . . . ⑯
Patriarcal - Panificação
  Reunida de São Roque. . . . . ⑲

Artisani Gelados . . . . ㉑
Tease. ㉒
Matiz Pombalina . . . . ㉘
Cinemateca Portuguesa . . . . . ㉙
Água de Beber . . . . ㉛
Gelato Davvero. . . . . ㉜

COMPRAS
Livraria da Travessa . . . . ⑥
Verso Branco . . . . ⑱
Solar . . . . ㉔
Embaixada . . . . ㉕
39A Concept Store. . . . . ㉖
Amélie au Théâtre . . . . ㉗
Amoreiras
  Shopping Center . . . . ㉘
Dona Ajuda . . . . ㉛

Companhia
  Portugueza do Chá . . . . ㊲

SALIR POR LA NOCHE
Incógnito . . . . ⑦
Senhor Vinho. . . . . ⑫
Park. . . . . ㉑

DÓNDE DORMIR
Casa de São Mamede . . . . ③
York House . . . . ⑦
As Janelas Verdes. . . . . ⑧
NH Liberdade . . . . ⑩
Britânia . . . . ⑪
Pensão Londres . . . . ⑭
Brasília . . . . ⑯
Monte Belvedere . . . . ⑱

Palácio da Assembleia da República

Praça de São Bento - ☎ 213 919 000 - www.parlamento.pt.

Bajo la **rua de São Bento**, el imponente Palacio de São Bento, antiguo monasterio benedictino, alberga la Asamblea de la República, el Parlamento portugués, con la residencia del Primer Ministro en el piso superior. Observa la gran escalinata de la fachada y los arcos adornados con estatuas de la Virtud. En el interior, el Salón de los Pasos Perdidos está decorado con innumerables esculturas.
En el lado derecho del edificio, por la rua de São Bento se concentran las **tiendas de anticuarios★**.

Museu da Marionet

Convento das Bernardas - Rua da Esperança, 146 - ☎ 213 942 810 - www.museudamarioneta.pt - de ma. a do. de 10:00 a 17:30 h - 5 € - espectáculos (programa online) 7,50 €.
Situado en el interior de un convento cisterciense, este museo expone con un diseño moderno y atractivo, marionetas tradicionales fabricadas por la compañía São Lourenço y algunos modelos más antiguos procedentes de todo el mundo. También acoge interesantes exposiciones temporales y ofrece un programa de diversos espectáculos para niños (proyecciones, teatro, marionetas, etc.).

A lo largo del Tajo

Hoy es un placer pasear por el Tajo, llamado «mar de paja» por sus reflejos dorados al atardecer. El municipio está limpiando las orillas del río para convertirlas en espacios recreativos. Para conocer mejor el ambiente portuario y la atmósfera que hay en los muelles, se puede recorrer el trayecto entre Belém y la Plaza del Comércio (o viceversa) pasando por los embarcaderos.

▶ **Cómo llegar**: 🚊 15E, 18E. 🚆 Estación Santos, Alcântara.
🚌 727, 728, 729, 751.

Planos del barrio págs. 42 y 52. Mapa extraíble AE7-8.

▶ **Consejos**: prever 1 h 30 min a pie (algunas partes, menos agradables, no bordean directamente el río). Carril bici a lo largo de todo el recorrido. Ver el Museo Nacional de Arte Antiga, el más importante de Portugal.

Puente 25 de Abril ★

A8 Antes de su inauguración en 1966, ningún puente cruzaba el Tajo aguas abajo de Vila Franca de Xira. Tras la Revolución de los Claveles de 1974, el puente de Salazar pasó a llamarse inmediatamente **puente 25 de abril**. Con 2278 m de longitud, el puente, cuya calzada está suspendida 70 m por encima del río, se apoya en dos pilones de 190 m de altura. En julio de 1999 se inauguró un ferrocarril bajo la calzada. Este ferrocarril conecta siete estaciones de cercanías. El puente cruza el río **Alcântara**, un antiguo barrio obrero e industrial muy frecuentado por la juventud local.

Lisboa, la reina del Tajo

Ciudad oceánica en las fronteras de Europa, la capital extremeña tiene la mirada fija en el horizonte. Al igual que su rival Oporto, la vida está marcada por el río. El casco antiguo de la ciudad se enrosca en la orilla derecha del Tajo, a 15 km del Atlántico. Su bahía fluvial de 11 km de ancho la convierte en el puerto natural más bello de Portugal. El Tajo forma una especie de lago interior cuya salida al océano controla Lisboa.

Experiência Pilar 7

A8 *Av. da Índia, pilar 7 - 🕻 211 117 880 - www.visitlisboa.com - de 10:00 a 17:00 h - 5 € (6-15 años 3,50 €).*
Este espacio interactivo permite apreciar la complejidad arquitectónica del puente 25 de Abril a lo largo de un recorrido bajo el Pilar 7 (séptimo pilón del puente). Luego se asciende al piso superior, a más de 65 m de altura sobre el nivel de la calle, desde donde se pueden contemplar de cerca los impresionantes tirantes y pilares. El recorrido finaliza con una

El puente 25 de Abril cruza el Tajo desde Lisboa hasta la ciudad de Almada.

experiencia de realidad virtual durante la cual se muestran las partes inaccesibles del puente.

A 50 m de allí, el **Village Underground Lisboa** (*Av. da Índia, 52 - www.vu lisboa.com*) es un espacio comunitario orientado al arte alternativo y a actividades socioculturales, construido con unos contenedores y autobuses de dos pisos con un bar-restaurante.

Museu da Carris

A8 *Rua 1º de Maio, 101-103 - ✆ 213 613 087 - museu.carris.pt - de lu. a sá. de 10:00 a 12:30 h y de 14:00 a 17:30 h - 4,50 € (6-18 años 2,50 €).*
El interesante Museo del Transporte Público es también la cochera del tranvía, donde se exponen modelos antiguos.

LX Factory ★

A8 *Rua Rodrigues Faria, 103 - ✆ 213 143 399 - lxfactory.com.*
LX es la abreviatura que los lisboetas utilizan para su ciudad, una abreviatura derivada del antiguo nombre árabe. La antigua fábrica textil y de imprenta del siglo XIX se ha convertido en un hervidero de creatividad, atrayendo a numerosos artistas, estilistas y diseñadores que han instalado allí galerías, ateliers y tiendas. Numerosas obras de arte callejero, bares y restaurantes con mobiliario sofisticado e incluso una extraordinaria librería (*ver «Compras» pág. 108*) han contribuido a hacer de este lugar uno de los centros neurálgicos de la vida diurna y nocturna de Lisboa. Pequeño

SimonSkafar/Getty Images Plus

mercadillo los domingos *(de 10:00 a 18:00 h, 20:00 h en verano).*

Berardo - Museu Arte Deco (B-MAD) ★

A7 *Rua 1° de Mayo, 28 - 🕿 212 198 071 - www.bmad.pt - visitas guiadas (1 hora) con reserva: 10 h, 11 h, 11:30 h, 14:30 h, 15:30 h, 16:30 h y 17 h (eng, fra, por, spa) - 5 € (menores de 12 años gratis).*
Tras exponerse durante años en prestigiosas exposiciones temporales, las **colecciones art nouveau y art déco** del empresario Joe Berardo 🌐🕿 *también pág. 66)* encontraron su hogar definitivo en 2021 en la residencia de verano del marqués d'Abrantes. En pleno barrio de Alcântara, este palacio del siglo XVIII, ampliado en los años veinte, fue restaurado para albergar el nuevo museo. Muebles, esculturas, lámparas, cerámicas y pinturas que datan de finales del siglo XIX hasta la década de 1930 ofrecen un panorama exhaustivo de las dos corrientes artísticas. La visita termina con una degustación de vinos portugueses Bacalhôa, otra de las pasiones de Berardo.

Docas

ABC8, DE7 Entre Cais do Sodré (🕿 *pág. 57)* y el puente 25 de Abril, se alinean los **muelles de Santos**, luego los de **Alcântara** y **Santo Amaro**. Los almacenes de los dos últimos, restaurados y reordenados, acogen hoy discotecas, bares y restaurantes con terraza a orillas del Tajo.

Museu do Oriente ★★

B8 🕿 213 585 200 - www.foriente.pt - de marzo a junio, do. de 10: 00 a

El puerto de Lisboa

Se encuentra entre los principales puertos marítimos de Europa. Su tráfico se compone principalmente de mercancías pesadas y contenedores; también es un puerto de exportación de productos agrícolas (vino y corcho). Lisboa, con un tráfico en constante crecimiento (unos 550 000 pasajeros al año antes de la crisis sanitaria), es un destino importante para los cruceristas. No es raro ver enormes transatlánticos atracar en Rocha do Conde de Óbidos, en Alcântara, y, desde la apertura de la nueva terminal en 2017, en Santa Apolónia.

18:00 h, vi. de 10:00 a 20:00 h - 6 € (6-12 años 2 €).
La **Fundación Oriente** ocupa antiguos almacenes de bacalao. El Museo de Oriente, dedicado al **arte asiático**, da testimonio de los pasados y prolongados contactos entre los portugueses y Asia: cerámica y porcelana chinas, muebles indoportugueses, tejidos, pinturas, platería... La colección Kwok On presenta una importante colección de arte popular relacionada con la música, el teatro y las fiestas tradicionales. Acoge exposiciones temporales, a menudo de gran calidad.

Museu Nacional de Arte Antiga ★★★

C7 *Rua das Janelas Verdes, 9 - 🕿 213 912 800 - de ma. a do. de 10:00 a 18:00 h - 6 €.*
En el extremo sur del barrio de Lapa, el Museo Nacional de Arte Antiguo se

encuentra en el palacio del siglo XVII de los condes de Alvor, que más tarde pasó a ser propiedad del marqués de Pombal. El museo posee una notable colección de obras de arte, algunas de las cuales proceden de la confiscación de bienes de los conventos en la época de la supresión de las órdenes religiosas en 1833. Estas colecciones –que reúnen pinturas, esculturas, artes decorativas del siglo XII hasta principios del siglo XIX– están estrechamente vinculadas a la historia de Portugal: artistas portugueses, pintores europeos que vivieron o permanecieron en Portugal, objetos procedentes de las antiguas colonias portuguesas.

1ª planta - En la colección de pintura europea destacamos el *San Agustín* de Piero della Francesca, el tríptico **Tentación de San Antonio★★★** por Hieronymus Bosch, El *San Jerónimo en el estudio* por Albrecht Dürer y el **San Pedro★** de Francisco de Zurbarán, parte de una serie de retratos de los 12 Apóstoles. Detrás de la tienda del museo hay una zona dedicada a los muebles portugueses *(a la izquierda)* y una sala con belenes barrocos, mientras que la entrada a la **Capilla de las Albertas★** está embellecida con *talhas doradas (a la derecha - de 15:00 a 18:00 h)*.

2ª planta *(cerrada de 13:00 a 14:00 h)* - La colección de joyas religiosas tiene como buque insignia la **custodia del monasterio de Belém** (1506), junto a una importante colección de arte decorativo oriental. Destacan los preciosos **biombos japoneses★★**

(namban) que representan, entre otras cosas, la llegada de los portugueses a Nagasaki.

3ª planta - Se exponen esculturas y pinturas portuguesas. El políptico de la **Adoración de San Vicente★★★**, pintado entre 1460 y 1470 por Nuno Gonçalves, es una obra fundamental que se distingue por la aguda penetración psicológica de los retratos. Se reconoce especialmente, en torno a San Vicente, al patrón de Portugal, Enrique el Navegante. Siguen las obras pictóricas de la escuela portuguesa del siglo XVI, influidas primero por el gusto flamenco y después por el italiano. El museo también cuenta con jardines, una hermosa **terraza★★** con vistas al Tajo y un restaurante situado en un agradable patio.

Cais do Sodré

E7 Al oeste de la Plaza del Comércio, la zona portuaria de Cais do Sodré está rodeada de restaurantes y bares con grandes terrazas con vistas al Tajo. El epicentro de este barrio donde los marineros frecuentaban los bares de «señoritas» es la **rua Nova del Carvalho** remodelada: la calle pintada de rosa está bordeada de discotecas y bares populares entre los noctámbulos.

La entrada de estilo oriental del **Mercado da Ribeira** destaca a lo largo de la avenida 24 de Julho. El principal mercado de Lisboa, fundado en 1892, alberga un espacio de restauración, escaparate de la cocina portuguesa (🧭 *«Dónde comer»* pág. 95).

Parque de las Naciones★

Establecido como un nuevo barrio en Lisboa, el recinto de la Exposición Universal de 1998 se extiende sobre 60 hectáreas al noreste de la ciudad, a orillas del Tajo, cerca del muelle de Olivais. En una zona industrial recuperada, en pocos años nació una auténtica ciudad, con viviendas, oficinas, comercios, un puerto turístico y jardines. El Parque de las Naciones se ha convertido en un espacio de paseo y entretenimiento con sus atracciones y zonas de ocio, bares, restaurantes, jardines y una amplia zona peatonal.

▶ **Cómo llegar**: Ⓜ Oriente.
Plano del centro urbano págs. 14-15 (ND). Plano del barrio de al lado.
▶ **Consejo**: planifica mínimo medio día para caminar por el parque y visitar al menos el hermoso acuario. ◉www.portaldasnacoes.pt

Puente Vasco da Gama ★★

Destinado a descongestionar el tráfico del puente 25 de Abril, el majestuoso puente vial Vasco da Gama se construyó entre 1995 y 1998.
Con 18 kilómetros de longitud, cruza el Tajo entre Sacavém y Montijo, creando una conexión directa entre el norte y el sur del país para evitar el centro de Lisboa.
Dos tercios de la longitud del puente discurren sobre el agua. Algunos de los vanos descansan sobre pilones de hasta 150 m de altura, enterrados hasta 95 m de profundidad. La altura del vano varía entre 14 y 30 m para permitir la navegación.

Torre Vasco da Gama

Situada en el extremo norte del parque, esta torre de acero era originalmente un mirador que ofrecía vistas panorámicas de la zona y el barrio, así como del estuario del Tajo. Está flanqueada por un hotel de lujo de 21 plantas, construido según los principios de la arquitectura bioclimática.

Teleférico

2 estaciones: *en la Torre Vasco de Gama y en el Oceanário - www. telecabinelisboa.pt - septiembre- octubre y marzo-mayo de 11:00 a 19:00 h; resto del año: consultar información - ida y vuelta 8€ (3-12 años ida y vuelta 5,50€).* Las cabañas ovoides se alinean en los muelles a lo largo de más de un kilómetro, por encima del río y los jardines tropicales. Es una forma agradable de ver el parque sin cansarse.

Jardim Garcia de Orta

Frente al Cais dos Olivais, a lo largo del Tajo, se encuentra este agradable jardín que debe su nombre a un médico del siglo XVI que estudió y clasificó las plantas asiáticas. Su vegetación procede de las regiones visitadas por

PONTE VASCO DA GAMA

Rotunda dos Vice-Reis

Torre Vasco da Gama

LISBOA
PARQUE DE LAS NACIONES
plano VI

0   100 m

Av.   de Boa
PORTA NORTE
Esperança
Praça do Venturoso

Moscavide
Estrada
R. Câmara Reis
R. Manuel Mendes
R. Doutor Ruí Gomes de Oliveira
Moscavide
de
Cantábrico
João II
Dom
do
Av.
Passeio
do
Av.

Av. do Atlantico

Jardim Garcia de Orta

R. do Mar da China
R. Norte
R. do Mar Vermelho

Oceanos
dos
Alameda

FEIRA INTERNACIONAL DE LISBOA

R. do Polo

R. Conselheiro Lopo Vaz
R.   Recíproca

Av. de Berlim   *Oriente*
Estação do Oriente

Av. do Indico

Pavilhão Atlântico (MEO Arena)

Oceanos
dos

Centro Vasco da Gama

Av. do Pacifico

PORTA FLUVIAL

59

RÍO TAJO

Pavilhão de Portugal

R. do Caribe
Joa II
8
Casino Lisboa
R. do Mar do Norte

Doca dos Olivais

Alameda
dos

Oceanário

PAVILHÃO DE EXPOSIÇÕES

Av. de Pádua
Av. de Mediterrâneo

Dom
Av.
Museu da Ciência Viva

Jardins d'Água

Área de Laser

Av.   de Ulisses
Praça Principe Perfeito

TEATRO CAMÕES

R. dos Cruzados

RESTAURANTES FLUTUANTES

R. da Centieira

R. dos Mercadores
Musas

PORTA DO MAR

DÓNDE COMER
Butchers.................**8**

los portugueses en la época de los Grandes Descubrimientos Geográficos.

Estação do Oriente ★

La gran estación intermodal de Lisboa-Oriente es el centro neurálgico de la red de transportes de la ciudad. Obra del arquitecto español Santiago Calatrava, está cubierta por una estructura arborescente de vidrio y acero que se asemeja a un palmeral.

Centro Vasco da Gama

Este templo del consumismo, climatizado de manera natural en verano por el agua fresca que fluye por las ventanas, comprende 170 tiendas, un supermercado y seis salas de cine. La planta superior está dedicada exclusivamente a la comida rápida.

Los pabellones

Los pabellones de la Exposición Universal, representativos de la arquitectura contemporánea, tienen hoy funciones y contenidos diferentes.
Pabellón Atlântico (Pabellón Atlántico, ahora Altice Arena) - *Rossio dos Olivais - ℘ 218 918 409 - arena. altice.pt.* Imponente edificio en forma de casco invertido, puede albergar hasta 20 000 espectadores y acoge competiciones deportivas, conciertos, exposiciones y congresos.
Pavilhão de Portugal★ (Pabellón de Portugal) - *No se puede visitar.* Coronada por una losa de hormigón curvado, esta «escultura arquitectónica» fue diseñada por el arquitecto portugués Álvaro Siza Vieira. El pabellón sirve puntualmente de espacio expositivo.

Pabellón do Conhecimento (Pabellón del Conocimiento) - *Alameda de los Océanos - ℘ 218 917 100 - www. pavconhecimento.pt - de ma. a vi. de 10:00 a 17:30 h, fin de semana y festivos de 10:00 a 18:30 h - 10 € (12-17 años 8 €).* Este pabellón se ha reconvertido en un museo interactivo de ciencia y nuevas tecnologías (**Centro Ciencia Viva**), donde se presentan de forma lúdica exposiciones temporales sobre temas relacionados con la investigación científica. Está dirigido principalmente a grupos escolares portugueses.

Casino Lisboa

Alameda dos Océanos, 45 - ℘ 218 929 000 - www.casino-lisboa.pt - de do. a ju. de 15:00 a 03:00 h, vi., sá. y pre-vacaciones de 16:00 a 04:00 h. Distribuido en 3 niveles en el antiguo **Pabellón del Futuro**, el casino cuenta con varios restaurantes, cafeterías y un bar en la azotea. Su **Auditorio de los Oceanos** (600 asientos) acoge diversos espectáculos.

Oceanário de Lisboa ★★

Esplanada Dom Carlos I - ℘ 218 917 000 - www.oceanario.pt - de 10:00 a 19:00 h - 19 € (3-12 años 13 €). El protagonista indiscutible de la Expo '98, el acuario más grande de Europa (en su inauguración), diseñado por el arquitecto estadounidense Peter Chermayeff, es a la vez un museo y un parque oceanográfico con alrededor de 8 000 animales marinos y más de 250 especies de plantas. Los cinco tanques principales reproducen los ecosistemas

La revitalización de las orillas del Tajo

El Parque de las Nações forma parte de una operación urbanística de gran alcance que incluye la reurbanización de la parte oriental de la ciudad y la revitalización de las orillas del Tajo, colonizadas durante mucho tiempo por todo tipo de industria pesada. Esta ciudad futurista, que ya ha superado los límites del plan urbanístico inicial, fue concebida como un ecobarrio. Se ha expandido hacia el sur dotándose de una marina y creando nuevos espacios verdes entre Marvila y Braço de Prata (**Parque Ribeirinho Oriente**, inaugurado en 2020). Muy concurrido los fines de semana y durante las vacaciones escolares, el Parque de las Nações es un poco somnoliento durante la semana, sobre todo cuando te alejas de la estación y del centro comercial Vasco de Gama, epicentros del ocio. Sus fuentes en forma de pirámide y el paseo a lo largo del Tajo son infinitamente agradables. Una veintena de obras de artistas contemporáneos portugueses y extranjeros se reparten por el parque. Motivos decorativos animan el pavimento, como los de Fernando Conduto frente al Rossio dos Olivais, o los de Pedro Proença junto al Oceanário. Por las noches, sobre todo en verano, el parque se convierte en un animado punto de entretenimiento: además de bares y restaurantes, acoge conciertos al aire libre, especialmente en el Cais de los Olivais o en el Pabellón del Atlántico.

biogeográficos de los océanos Ártico, Índico, Pacífico y Atlántico, ofreciendo un maravilloso «ballet acuático». En el enorme **tanque central** de 7000 m³ de agua de mar (¡correspondiente a cuatro piscinas olímpicas!), rayas gigantes, inquietantes tiburones, grandes cardúmenes de caballa o merluza, etc. conviven en perfecta armonía. El recorrido, unas veces emergido y otras sumergido, nos permite presenciar los chapuzones de los pingüinos del Atlántico; en el Pacífico templado, las nutrias marinas se relajan como unas estrellas de cine. En el 2º piso del Edifício del Mar, un sendero acuático alberga importantes exposiciones temporales. Este gigantesco laboratorio para el estudio de la fauna marina mundial es también una institución dedicada a la protección del mundo acuático.

Jardins da Água

En este espacio lúdico centrado en el tema del agua, pasarelas de madera permiten a los visitantes circular sobre un estanque, entre bambúes y diversos dispositivos de recogida de agua, para deleite de los niños. Los **Jardines de agua** bordean la Alameda de los Océanos con esculturas cónicas recubiertas de cerámica de vivos colores y de las que brota agua.

Belém★★

Un aroma de horizontes lejanos flota aún sobre Belém: puente hacia el sueño y la imaginación de los territorios de ultramar. «Bethléem» (en portugués) era el puerto de atraque de las naves portuguesas que, ya en el siglo xv, zarpaban hacia mares desconocidos, en busca de tierras que conquistar y convertir, y en busca de nuevas riquezas. El Monasterio de los Jerónimos y la Torre de Belém, obras maestras del arte manuelino, marcan el apogeo de la historia portuguesa. Sin embargo, este barrio con la mirada históricamente puesta en horizontes lejanos, también sabe anclarse decididamente en el siglo xxi: alberga un vasto centro cultural dedicado al arte contemporáneo y el sorprendente edificio MAAT, ganador de numerosos premios de arquitectura, que acoge exposiciones de vanguardia.

▶ **Cómo llegar**: 🚋 15E. 🚆 Estação Belém (línea Cascais). 🚌 728, 714 y 751.
Plano del centro urbano págs. 14-15 (QA). Plano del barrio pág. 64.
▶ **Consejo**: reservar una media jornada para visitar Belém y un día entero si completas la visita con el barrio de Ajuda (ⓒ *pág. 70*). Espera largas colas en verano para visitar el monasterio, la Torre de Belém y el Padrão dos Descobrimentos; son preferibles la hora del almuerzo o el final del día, cuando los grupos se han ido.

Mosteiro dos Jerónimos ★★★

Praça do Império - ℘ 213 620 034 - www.patrimoniocultural.gov.pt.
El conjunto arquitectónico ha sido clasificado como **Patrimonio de la Humanidad por la UNESCO**. El rey Manuel hizo construir este magnífico monasterio en 1502 para los Jerónimos (monjes de la orden de San Gerónimo) y hoy se considera la obra maestra del arte manuelino. Este arte glorificó los Grandes Descubrimientos Geográficos: Vasco da Gama regresó de las Indias y sus carabelas atracaron en el puerto de Restelo, cerca de Belém.
Aprovechando la afluencia de riqueza en Lisboa, los arquitectos tuvieron la oportunidad de embarcarse en un proyecto a gran escala. El francés Boytac adoptó el estilo gótico, pero a partir de 1517 sus sucesores lo modificaron añadiendo el aparato ornamental característico del estilo manuelino, donde se mezclan diferentes influencias. La belleza del edificio se debe también a la calidad de la piedra suave y ligera, fácil de tallar. Admira la riqueza de la profusión de molduras: motivos marinos (corales, cadenas de anclas, conchas, etc.), flores de amapola, piñas, alcachofas, cabezas de navegantes, racimos de uvas, grotescos renacentistas, etc. Solo los edificios añadidos en el siglo xix al oeste del campanario perturban la armonía arquitectónica del conjunto.

DÓNDE COMER		DÓNDE BEBER		SALIR POR LA NOCHE	
Lisbon Café	5	Antiga Confeitaria		Centro Cultural de Belém	18
Taberna dos Ferreiros	8	de Belém	40	Picadeiro	
Feitoria	9			Henrique Calado	22

Igreja de Santa Maria★★★

Consultar horarios - gratuito.

El interior - Sorprende por la audacia de la **bóveda**★★ estrellada, sostenida por una serie de ojivas que se elevan desde las columnas octogonales y se ramifican hasta el infinito; esta vez pudo resistir el terremoto de 1755 a pesar de la ligereza de sus columnas. Bajo la galería del *coro alto*, a la entrada de la iglesia, se encuentran las tumbas neomanuelinas de Vasco da Gama y Camões, cuya estatua está coronada de laurel.

La sacristía - *1 €*. Su columna central se extiende como una corola dibujando sobre la bóveda una red de finos nervios que ondulan hasta los penachos de las esquinas. La arquitectura de la sala llama tanto la atención como el ciclo de pinturas sobre la vida de San Jerónimo (siglo XVI).

Claustro★★★

De ma. a sá. de 10:00 a 18:00 h (de octubre a abril a las 17:00 h) - 10 €; 16 € con el Museo de Arqueologia (ver más abajo) y la Torre de Belém.

Esta obra maestra del arte manuelino es de una riqueza escultórica deslumbrante, en particular el piso inferior, obra de Boytac. Al caer la tarde, la piedra adquiere un cálido color dorado. La sala capitular alberga la tumba del escritor Alexandre Herculano. Junto a ella se alza la modesta tumba de Fernando Pessoa.

Los pórticos

El portal sur, obra de Boytac y João de Castillo, está lleno de estatuas, entre ellas la de Enrique el Navegante, situada bajo la de la Virgen, que domina el conjunto. El portal oeste, obra de Nicolás Chanterene, está adornado con estatuas del rey Manuel y su segunda esposa María de Aragón.

Museo Arqueológico Nacional

Praça do Império - ℘ 213 620 000 - www.museunacionalarqueologia.gov.pt - de ma. a do. de 10:00 a 17:30 h - 5 €; 12 € con el Monasterio de los Jerónimos. Alojado en el ala oeste (siglo XIX) del monasterio, el Museo Nacional de Arqueología presenta los buques insignia del patrimonio arqueológico portugués desde sus orígenes hasta la época romana. El **tesoro★** y la colección de oro prehistórica justifican por sí solos la visita: magníficos brazaletes, collares y pendientes de oro.

Museu da Marinha ★★

Praça do Império - ℘ 210 977 388 - ccm.marinha.pt - de 10:00 a 17:30 h; de octubre a abril de 10:00 a 16:30 h - 6,50 €. Guardián del pasado marítimo de Portugal, el Museo Marítimo cuenta con una excepcional colección de **maquetas★★★** de embarcaciones de diferentes épocas. El **edificio principal** está dedicado a la marina militar de los siglos XV al XVIII, a la marina de guerra de los siglos XIX y XX, y a los barcos de pesca.

El **Pavilhão das Galeotas** *(Pabellón de las Galeras)*, situado enfrente, alberga una serie de magníficas goletas de representación. El bergantín real, construido en 1778, es la embarcación más notable por su decoración, creada por el ornamentista francés Pillement.

Planetário Calouste Gulbenkian

Praça do Império - ℘ 213 620 002 - ccm.marinha.pt - de 10:00 a 17:30 h; de octubre a abril de 10:00 a 16:30 h - 6 €. Bajo la cúpula de 23 m de altura se proyectan imágenes y películas sobre las estrellas, la formación del universo y las galaxias.

Centro Cultural de Belém ★

Praça do Império - ℘ 213 612 400 - www.ccb.pt - taquilla: de 10:00 a 19:00 h, fines de semana de 10:00 a 18:00 h. El enorme edificio está construido con la misma piedra caliza tosca que el Monasterio de los Jerónimos, situado enfrente, con el que contrasta por su sobriedad y líneas esenciales. Terminado en 1992, desempeña un papel destacado en la vida cultural portuguesa, con un variado programa de espectáculos musicales, teatrales y de danza. Alberga un centro de conferencias, agradables jardines en la planta superior, bares, tiendas, una librería, una cafetería y un restaurante con vistas al Tajo. Se organizan exposiciones y eventos relacionados con la arquitectura contemporánea en el espacio **Garagem Sul** *(garagemsul. ccb.pt - de ma. a do. de 10:00 a 17:30 h - 6 €)*, espectáculos y talleres de creación artística en la **Fábrica de las Artes** *(fabricadasartes.ccb.pt - información en taquilla)*.

Museu-Coleção Berardo ★★

En el Centro Cultural de Belém, en la planta superior - 213 612 878 - www. museuberardo.pt - de 10:00 a 18:30 h - 5 € (7-18 años 2,50 €) - audioguía 3,50 €.
En pleno centro cultural, el museo presenta de forma rotativa una parte de la excepcional colección de **arte moderno y contemporáneo** del multimillonario Joe Bernardo. Un recorrido histórico y temático (abstraccionismo, figurativismo, surrealismo, arte pop, arte pobre, minimalismo, arte conceptual) permite descubrir obras de Picasso, Dalí *(Teléfono afrodisíaco blanco)*, Max Ernst, Mondrian, Francis Bacon *(Edipo y la esfinge según Ingres)*, Magritte, Henry Moore, Man Ray, Pollock, Warhol *(Ten Foot Flowers)* etc.
En el sótano se expone arte contemporáneo desde los años 80 hasta la actualidad. El museo también alberga exposiciones temporales de artes plásticas, arquitectura y fotografía.

Torre de Belém ★★★

Avenida de Brasília - 213 620 034 - www.patrimoniocultural.gov.pt - de ma. a do. de 10:00 a 18:30 h (de octubre a abril a las 17:30 h) - 6 €.
Emblema de Lisboa, la elegante Torre de Belém, Patrimonio Mundial de la Unesco, es el símbolo de la expansión portuguesa en el mundo. Erigida entre 1515 y 1521 por el arquitecto Francisco d'Arruda, estaba situada originalmente en medio del Tajo, defendiendo la desembocadura. El terremoto de 1755 desvió el curso del río y la torre quedó cerca de la orilla. Auténtico ejemplo de arte manuelino, este baluarte que se asemeja a un torreón medieval es una joya de la arquitectura: logias con arcos y balcones con ventanas de estilo veneciano, cúpulas de inspiración morisca, almenas decoradas con escudos, esferas armilares y cruces de la Orden de Cristo... Desde la terraza del 5º piso se disfruta de una magnífica **vista** del Tajo.

Padrão dos Descobrimentos ★

Avenida de Brasília - 213 031 950 - padraodosdescobrimentos.pt - de marzo a septiembre de 10:00 a 18:30 h; resto del año: solicitar información - 6 € (13-18 años 3 €).
Con un aspecto neorrealista característico de los años de Salazar, el monumento a los Descubrimientos (52 m) fue iniciado en 1940 y terminado en 1960 con motivo del 500 aniversario de la muerte de Enrique el Navegante. Obra del escultor Leopoldo de Almeda, representa la inmensa proa de un barco en la que el Infante abre el paso a una multitud de personajes entre los que se encuentran el rey Manuel, Camões y Nuno Gonçalves. En su interior hay exposiciones relacionadas con los Grandes Descubrimientos Geográficos y proyecciones de

películas. En la cima *(acceso en ascensor)*, la **vista** se abre hacia el Tajo, los barrios occidentales y el mosaico de mármol al pie del monumento.

Museu de Arte, Arquitectura y Tecnología (MAAT) ★

Avenida de Brasília - ☎ 210 028 130 - maat.pt - de mi. a lu. de 11:00 a 19:00 h, de vi. a sá. hasta las 22:00 h de junio a septiembre - 9 €, reducido 6 € - gratis primer do. del mes.
El complejo museístico está estructurado en dos edificios que reúnen ocho espacios de exposición bajo los auspicios de la Fundación EDP.
El **MAAT Central**, un hermoso edificio de ladrillo de principios del siglo xx, está ubicado en una antigua central eléctrica que alimentaba la ciudad y cuenta su historia. Ha conservado todos su equipamiento (condensadores, turbogeneradores y el impresionante sector de calderas). A 200 m del primer edificio, al que está conectado por un gran parque, se alza el segundo cuerpo del MAAT, una **estructura★★** de gran originalidad que se inspira en el movimiento del agua y se caracteriza por suaves curvas y volúmenes sinuosos en su conjunto. Inaugurado en 2016 y diseñado por el estudio londinense AL_A (Amanda Levete Architects), el edificio se divide en cuatro galerías subterráneas dispuestas en torno a un centro elíptico y acoge exposiciones de artistas contemporáneos de todo el mundo. Las artes visuales y los nuevos medios de comunicación

exploran aquí los temas recurrentes de la ciudad y la modernidad, las tecnologías emergentes, los avances científicos y sus implicaciones sociales.

Museu Nacional dos Coches/Picadeiro Real ★★

Avenida da Índia, 136, y Plaza Afonso de Albuquerque (Picadeiro Real), en el cruce con la calzada de Ajuda - ☎ 210 732 319 y 213 610 850 (Picadeiro) - museudoscoches.gov.pt/pt/- de ma. a do. de 10:00 a 17: 30 h - 8 €; 10 € entrada combinada con el Picadeiro Real 12 € con el Palacio Nacional de Ajuda (☉ pág. 70).
En un moderno edificio, el Museo Nacional del carruaje alberga una **excepcional colección★★** de vehículos de los siglos xvi al xx. En la primera galería se expone una berlina traída por Felipe II de España a finales del siglo xvi, la pieza más antigua del museo. Le sigue un maravilloso conjunto de carruajes representativos de los siglos xvii y xviii, pintados y decorados con un lujo increíble. Los más suntuosos son sin duda los tres carruajes de la **embajada ante el Papa★★**, utilizados por Juan V para impresionar a Clemente XI durante su visita a Roma en 1716. La galería paralela alberga coches sin duda más modestos: berlinas, sedanes, vehículos de paseo para niños y coches de trabajo. Observa las marcas de bala en el carruaje conocido como «el regicidio», en el que Carlos I y su hijo mayor fueron asesinados en 1908. El **Picadeiro Real** *(de mi. a lu. de 10:00 a 17: 30 h - 4 €)*, al otro lado de

la plaza, está el antiguo establo del Palacio Real de Belém. Alberga otros carruajes de gala en estilo barroco o rococó del siglo XVIII, en su mayoría fabricados para eventos especiales como bodas principescas.

Más arriba de la calzada de Ajuda se encuentra el **Picadeiro Henrique Calado**, donde actúa la Escola Portuguesa de Arte Equestre (☾ *«Salir por la noche» pág. 113*).

Museu da Presidência da República

Praça Afonso de Albuquerque - ☎ 213 614 660 - www.museu.presidencia.pt - de ma. a vi. de 10:00 a 18:00 h, fin de semana de 10:00 a 13:00 h y de 14:00 a 18:00 h - 2,50 €.

Situado en un patio cerca del Palacio de Belém, el Museo de la Presidencia de la República ilustra la historia de Portugal desde la proclamación de la república en 1910. A través de una hermosa galería de retratos, presenta a los presidentes del país y la evolución de sus funciones. También se exponen numerosos obsequios ofrecidos a los jefes de Estado portugueses y objetos que les pertenecieron. Algunas películas interesantes evocan la historia del país.

Jardim Botânico Tropical

Largo dos Jerónimos - www.museus. ulisboa.pt/jardim-botanico-tropical - de 10:00 a 20:00 h; de octubre a marzo de 10:00 a 20:00 h - 4 €.

Creado a principios del siglo XX para

Francisco Nogueira/MAAT

El edificio MAAT, diseñado por el estudio londinense AL_A (Amanda Levete Architects).

estudiar la flora de las antiguas colonias portuguesas, el jardín botánico tropical de 7 hectáreas alberga numerosas esencias exóticas de Madeira, Brasil, Angola y Mozambique (de ahí el nombre de «jardín de ultramar», que todavía se le da). Una primera fase de renovación (2020) permitió reabrir al público el jardín de los cactus, cerrado desde hace más de 25 años. Continúan las obras del gran invernadero, el jardín de las esculturas y el Palacio de los Condes de la Calheta. También hay planes para construir un salón de té.

Ajuda★

Situado entre el Tajo y el Parque Monsanto, este popular barrio se encuentra entre los más auténticos de Lisboa, pero también entre los menos conocidos por los turistas. Las pintorescas manzanas no te decepcionarán, sobre todo porque esconden increíbles sorpresas que huelen a otros lugares. Un palacio romántico, un jardín exótico, un museo etnológico y un centro cultural dedicado a Macao hacen de Ajuda una parada interesante.

▶ **Cómo llegar**: 🚊 18E, 🚌 729.
Plano del centro urbano págs. 14-15 (QA). Mapa extraíble A7-8.
▶ **Consejos**: desde el Palacio de Ajuda, el autobús 760 o el tranvía 18E te llevarán directamente a la Plaza del Comércio; a pie, baja hacia el barrio de Belém en 15 min.

Palácio Nacional da Ajuda ★

QA *Largo da Ajuda, en la parte superior de la calzada de Ajuda-* 🔌 *213 637 095 - www.palacioajuda.gov.pt - de 10:00 a 17:30 h - 5 €.*
En las alturas de Belém, el antiguo Palacio Nacional de Ajuda (siglos XVIII-XIX), construido de manera incompleta tras el terremoto, fue la residencia de los monarcas portugueses Luis I y María Pía a partir de 1862.
Dispuesta en dos niveles, presenta una sucesión de salas con techos pintados al fresco, decoradas con profusión de muebles, tapices, tapicerías, estatuas (Machado de Castro), pinturas (Domingos Sequeira, Vieira Portuense) y objetos decorativos del siglo XIX que componen una de las colecciones románticas más completas de Europa. Observa el techo del jardín de invierno, recubierto de ágata. La sorprendente sala Saxe está totalmente decorada con figuras y muebles de porcelana de Saxe. El dormitorio y el comedor de la reina, repletos de objetos personales, desprenden una atmósfera íntima. Las habitaciones del primer piso son amplias y solemnes. El palacio alberga algunos servicios del Ministerio de Cultura.

Jardim Botânico da Ajuda

QA 🔌 *213 622 503 - www.isa.ulisboa. pt/jba - de 10:00 a 18:00 h, fines de semana y festivos de 10:00 a 20:00 h; de octubre a abril de 10:00 a 17:00 h, fines de semana y festivos de 10:00 a 18:00 h - 2 €.*
Situado en lo alto de la calzada de Ajuda y repleto de esencias exóticas traídas por los marineros, el jardín está lleno de estanques y cuenta con una terraza. Fue creado por iniciativa del rey José I en 1768. Sus caminos rectilíneos, bordeados de setos cuidadosamente podados, evocan con su geometría los jardines renacentistas.

Rua do Guarda Jóias y rua do Cruzeiro

QA Al este del largo de Ajuda sobreviven pintorescas manzanas con una gran variedad de casas donde la vida familiar y comunitaria se concentra en patios y callejones. Estos *páteos* eran originalmente pequeños barrios de artesanos y trabajadores. Observa el **páteo Alfacinha** *(rua del Guarda Jóias, 44)*. Allí encontrarás un ambiente festivo, especialmente los fines de semana.

Museu Nacional de Etnologia

QA *Avenida Ilha da Madeira - Restelo - ☎ 213 041 160 - mnetnologia.word press.com - ma. de 14:00 a 18:00 h; de mi. a do. de 10:00 a 18:00 h - 3 €.*
Para visitar el Museo Nacional de Etnología -en el barrio de Restelo, en la parte alta de Belém- hay que acudir en horario de visitas guiadas: es la única forma de descubrir sus exposiciones que ilustran tanto la sociedad rural y tradicional portuguesa como la artesanía de los nativos americanos. Más modesta es la sala de la colección permanente, que alterna exposiciones de objetos de arte y artesanía del antiguo Imperio portugués (Angola, Mozambique, Amazonia brasileña, etc.): tejidos, mimbre, máscaras, cerámicas... El museo también acoge exposiciones temporales y temáticas y ofrece una visita al **Museo de Arte Popular** de Belém *(reserva previa)*, gestionado por el Museo Nacional de Etnología.

Centro Científico y Cultural de Macau (CCCM) ★

QA/A8 *Rua da Junqueira, 30 - ☎ 213 617 570 - www.cccm.gov.pt - de ma. a vi. de 10:00 a 17:30 - 3 €.*
Este centro se inauguró en 1999, durante la devolución de Macao a China.
Desde la segunda mitad del siglo XVI, Macao es un enclave portugués en China, un vínculo entre las civilizaciones de Occidente y Asia Oriental.
En la planta baja, el museo traza la extraordinaria historia del vínculo entre los portugueses y este puerto chino. El primer piso muestra un impresionante número de **cerámicas★★**, terracotas, greses y porcelanas chinas reunidas por el coleccionista portugués António Sagape. Ten en cuenta también la variedad de objetos utilizados por los fumadores de opio, así como impresionantes obras de arte chinas adaptadas a los cánones occidentales, lacas, abanicos, pinturas, platos y objetos de marfil y una importante colección de monedas chinas desde la prehistoria hasta la actualidad. El museo cuenta también con un auditorio y una sala polivalente, una pequeña tienda, una cafetería y un jardín con terraza.

Avenida da Liberdade★ y Saldanha

Al norte de la Baixa se encuentran los modernos barrios residenciales, surcados por amplias calles, entre las que destaca la arteria más majestuosa de Lisboa, la parcialmente peatonal Avenida da Liberdade. Al norte de esta calle, en el lado opuesto del Parque Eduardo VII, no te pierdas el magnífico Museo Calouste Gulbenkian.

▶**Cómo llegar**: Ⓜ Parque, Marquês de Pombal, São Sebastião, Saldanha, Plaza de Espanha.

Mapa extraíble DE2-5.

▶**Consejo**: también puedes llegar al Museo Calouste Gulbenkian a pie desde la Baixa (3,5 km, aproximadamente 1 h), subiendo por la Avenida da Liberdade y luego por el Parque Eduardo VI.

Avenida da Liberdade ★

DE4-5 Con 1.300 m de largo y 90 m de ancho, la calle más majestuosa de Lisboa es la vía principal del centro de la ciudad que conduce a los distritos comerciales del norte. Ideal para pasear, la avenida central está sombreada y adornada de pequeños jardines. Las aceras están cubiertas de mosaicos de piedra caliza y basalto, bordeadas por edificios de finales del siglo XIX y construcciones más recientes que albergan hoteles, agencias de viajes, tiendas de lujo, etc.

La avenida de la Liberdade delimitada al norte con la **Plaza del Marquês de Pombal**, llamada «Rotunda» por los lisboetas, centro neurálgico de Lisboa, donde confluyen las principales calles. En el centro de la plaza, frente al Tajo y en compañía de un león, se alza un monumento al Marquês de Pombal, el estadista que dirigió Portugal entre 1750 y 1777.

Casa-Museo Medeiros y Almeida ★

D4 *Rua Rosa Araújo, 41 -* Ⓜ *Marquês de Pombal -* ✆ *213 547 892 - www.casa-museumedeirosealmeida.pt - de lu. a sá. de 10:00 a 16:30 h - 5 € - audioguía 2 €.*

Este pequeño palacio de 1896 alberga una importante colección de **arte decorativo** reunida por el empresario Medeiros y Almeida. De las veinticinco salas de exposición, tres están dedicadas a la platería, la porcelana china y la **relojería.** Las otras habitaciones están ricamente amuebladas con **muebles**

franceses o indoportugueses, pinturas, tapices... En la Sala del Lago, con paredes cubiertas de azulejos, observa las extraordinariamente restauradas pinturas en el techo artesonado de madera, que representan los Cuatro Continentes.

Si estás por el barrio aprovecha para pasarte por la **Cinemateca Portuguesa** (◉ «Dónde beber» pág. 102).

Parque Eduardo VII ★

D3-4 Este elegante parque francés corona la Avenida de la Liberdade y ofrece una magnífica **vista★** de la Baixa y el Tajo. En la esquina norte están los **invernaderos★★** (☎ 218 170 996 - de 10:00 a 19:00 h; de noviembre a marzo de 09:00 a 17:00 h - 3.10 €) donde florecen plantas exóticas. En el **invernadero frío** (estufa fría), muy agradable en verano, el aire circula a través de un techo de madera japonés. Más pequeño, el **invernadero caliente** (estufa quente) muestra plantas semitropicales en su clima original.

Casa-Museu Anastácio Gonçalves (CMAG)

E3 Avenida 5 de Outubro, 6-8 (entrada por el jardín trasero) - Ⓜ Saldanha o Picoas - ☎ 213 540 823 - de ma. a sá. de 10:00 a 13:00 h, de 14:00 a 18:00 h, do. de 10:00 a 14:00 y de 15:00 a 18:00 h - 3 €. Este museo se encuentra en dos villas que pertenecieron al Dr. Anastácio Gonçalves, gran amante del arte y amigo de Gulbenkian. Alberga exposiciones temporales y una colección permanente compuesta por porcelana china antigua pinturas naturalistas, muebles, alfombras y orfebrería religiosa.

Museu Calouste Gulbenkian ★★★

D2 Avenida de Berna, 45 (al norte del parque Eduardo VII) - Ⓜ São Sebastião, Plaza de Espanha - ☎ 217 823 000 - gulbenkian.pt/museu - todos los días excepto ma. y festivos de 10:00 a 18:00 h - 10 € - programa de conciertos: gulbenkian.pt/music.

Gran atracción cultural de la capital, la Fundación Calouste-Gulbenkian comprende el museo propiamente dicho -distribuido en dos espacios separados por un jardín-, cuatro auditorios polivalentes, uno de ellos al aire libre, un espacio para congresos, dos grandes salas de exposiciones y una biblioteca de arte (200.000 volúmenes).

Creada en 1956, esta institución privada también distribuye numerosas becas a jóvenes artistas, financia la investigación científica y organiza exposiciones y conciertos de gran calidad. La fundación tiene dos delegaciones, en Londres y París. **Colección del fundador**: las aproximadamente 6.000 obras donadas por Calouste Gulbenkian (◉ cuadro de texto de al lado) se conservan en un edificio con amplias salas ventiladas y con vistas a los jardines. Posteriormente se descubren las **antigüedades egipcias y grecorromanas**, el **arte del** Oriente **islámico** (destaca una interesante colección de cerámicas y **alfombras persas** de los siglos XVI y XVII) y del **Extremo Oriente**, luego, **el arte europeo**. La última parte incluye manuscritos medievales en miniatura, muebles, tapices, esculturas y pinturas de los siglos XV al XIX.

«Mister five percent»

«Señor 5%». Así es como llamaban a Calouste Gulbenkian, en referencia al porcentaje que se llevaba de las ganancias de la Iraq Petroleum Company. Este caballero armenio nacido en Estambul en 1869, coleccionista en el alma, ya había empezado a comprar monedas antiguas con su paga cuando era adolescente. Su inmensa fortuna y su sentido de la belleza le permitieron reunir un número incalculable de obras de arte. A la hora de elegir sus tesoros, el magnate del petróleo solo tenía una regla: «Solo lo mejor me basta». En 1942, durante la Segunda Guerra Mundial, se refugió en Lisboa. A su muerte, en 1955, dejó a Portugal gran parte de su herencia para que se creara una fundación con su nombre.

El gusto ecléctico, pero siempre refinado, de Gulbenkian se confirma en la elección de obras de las escuelas flamenca y holandesa (Rembrandt, Rubens), italiana (Ghirlandaio, Guardi), inglesa (Gainsborough, Turner), así como lienzos **impresionistas** (*Autorretrato* de Degas; *Chico haciendo pompas de jabón,* de Manet). La última sala contiene una sorprendente colección de **joyas art nouveau de pasta de vidrio** obra de **René Lalique**, amigo de Calouste Gulbenkian.
Jardines★ - Diseñado a finales de los años sesenta para integrar armoniosamente los edificios expositivos, este encantador parque arbolado alterna zonas de descanso, maleza, prados floridos y espejos de agua. Se camina por senderos sinuosos, salpicados de esculturas contemporáneas y juegos de luces y sombras.

Está en marcha un nuevo proyecto, encargado al arquitecto japonés Kengo Kuma, para ordenar este espacio verde y conectarlo con la cercana **Plaza de España**. Esta última, un importante cruce neurálgico de carreteras, se enriquecerá con vegetación y se realzará con cursos de agua para formar, junto con el jardín Gulbenkian, un largo camino peatonal arbolado.
Colección moderna (*cerrado por reformas hasta nuevo aviso*). El edificio situado en el extremo de los jardines de la Fundación alberga una importante colección de arte moderno, con aproximadamente 600 obras de artistas portugueses y extranjeros (Amadeo de Souza-Cardoso, Eduardo Viana, José de Almada Negreiros, Maria Helena Vieira da Silva, Paula Rego, Helena Almeida, etc.).

Campo Pequeno y Campo Grande

Situados al norte de la Baixa, estos dos distritos de negocios concentran oficinas, sedes empresariales y... ¡tráfico intenso! Aunque no es ideal para pasear, la zona tiene el mérito de mostrar otro aspecto menos turístico de la capital, con algunos destinos para ir de excursión: la arquitectura neomorisca de las arenas, el museo de la ciudad y las mayólicas del Museo Bordalo Pinheiro.

▶**Cómo llegar**: Ⓜ Campo Pequeno, Campo Grande.
Plano del centro urbano págs. 14-15 (CN). **Mapa extraíble EF1**.
▶**Consejo**: consulta el programa de espectáculos: los artistas actúan regularmente en el estadio Campo Pequeno.

Praça de Touros

E1 *Avenida da República - www.campo pequeno.com.*
Las **arenas** de Campo Pequeno, cubiertas de ladrillos rojos, se construyeron a principios de la década de 1890 en estilo neomorisco (cúpulas de bulbo, arcos de herradura y medias lunas). Aquí las *touradas* (variante portuguesa de la tauromaquia, sin muerte del toro en la arena) se alternan con conciertos y espectáculos. Frente a las arenas, la **biblioteca municipal** se encuentra en el Palacio Galveias, del siglo XVI.

Museu de Lisboa

Campo Grande, 245 - ✆ 217 513 200 - www.museudelisboa.pt - de ma. a do. de 10:00 a 18:00 h - 3 € - entrada válida para el Teatro Romano, Casa de los Bicos, Museo Santo António.
En lo alto del jardín de Campo Grande, el Museo de la Ciudad de Lisboa se encuentra en el **Palacio Pimenta**, un elegante edificio del siglo XVIII. La historia de Lisboa está evocada por vestigios románicos, visigodos, árabes y medievales. Una maqueta reconstruye la Lisboa de principios del siglo XVIII, antes del terremoto. Algunos azulejos representan el Terreiro del Paço (Terrado del Palacio) antes de la desaparición del palacio real. También encontrarás cerámicas y grabados que representan Lisboa.

Museu Bordalo Pinheiro

Campo Grande, 382 - ✆ 218 818 540 - museubordalopinheiro.pt - de ma. a do. de 10:00 a 18:00 h - 3 €.
Frente a Campo Grande, esta casa reúne dibujos, caricaturas y **cerámicas★** de Rafael Bordalo Pinheiro (1846-1905), artista prolífico que, junto con su hermano, participó activamente en la vida artística de finales del siglo XIX.

Paço do Lumiar

En el gran jardín botánico de la Quinta de Monteiro-Mor, que discurre a lo largo de la estrada do Lumiar bordeada de bellos edificios, se encuentran dos palacios: uno alberga el Museo Nacional del Traje y de la Moda, el otro, el Museo Nacional del Teatro y Danza.

▶**Cómo llegar**: Ⓜ Lumiar.

Plano del centro urbano págs. 14-15 (**BN, fuera del mapa**).

▶**Consejo**: Con sus plantas exóticas y su carácter salvaje, el Jardín botánico de Monteiro-Mor es un lugar agradable para hacer un picnic.

Museu Nacional do Traje e da Moda ★

Largo Júlio de Castilho - Ⓜ *Lumiar (toma la calle de la Torre, luego gira a la derecha en rua del Lumiar; gira a la izquierda y cruza la amplia avenida a la izquierda) - ☏ 217 567 620 - www.museudotraje. gov.pt - de ma. a do. de 10:00 a 13:00 h y de 14:00 a 18:00 h - 4 €; 6 € entrada combinada Museo del Teatro y de la Dança y Jardín de Monteiro-Mor.*
El elegante palacio de los marqueses de Angeja, sede del Museo Nacional del Traje y de la Moda, alberga más de 7.000 trajes. Las colecciones dan vida a una época, una ciudad, una profesión... Cerca del museo, un pabellón alberga un bonito restaurante *(cerrado temporalmente por obras)*. El lugar está embellecido con un parque botánico de 11 hectáreas, creado en el siglo XVIII y atravesado por un río parcialmente canalizado.

Museu Nacional do Teatro e da Dança

Estrada do Lumiar, 10 (saliendo del Museo Nacional del Traje y de la Moda, gira a la derecha en rua del Alqueidão) - ☏ 217 567 410 - de ma. a do. de 10:00 a 13:00 h y de 14:00 a 18:00 h - 4 €; 6 € entrada combinada con el Museo Nacional del Traje y de la Moda y el Jardín de Monteiro-Mor.
En el Palacio Monteiro-Mor, sede del Museo Nacional de Teatro y Danza, se exponen trajes de escena, decorados, fotografías y documentos relacionados con el teatro y las artes escénicas desde el siglo XVIII hasta nuestros días. Se albergan exposiciones temporales y una biblioteca especializada.

Jardim Botânico de Monteiro-Mor

☏ 217 567 620 - de ma. a do. de 10:00 a 13:00 h y de 14:00 a 18:00 h - 3 €; 6 € entrada combinada con el Museo Nacional del Traje y de la Moda y el Museo Nacional del Teatro y Danza.
Debajo del palacio, este jardín te seducirá con sus especies exóticas, sus estanques y su carácter salvaje acentuado por la presencia de lomas. Un jardín de esculturas, alberga las creaciones de cuatro artistas contemporáneos.

Alrededores del Benfica

En el barrio dormitorio, cuyo nombre evoca inmediatamente al famoso club de fútbol, se esconde una de las perlas de Lisboa: el Palacio de los Marqueses de Fronteira. Aprovecha la oportunidad para hacer un viaje fuera del centro de la ciudad, enriquecido por el Parque Florestal de Monsanto y el zoológico.

▶ **Cómo llegar**: Ⓜ Jardín Zoológico, Alto dos Moinhos.
Plano del centro urbano págs. 14-15 (AB-NP). Mapa extraíble AB1-5.
▶ **Consejo**: El Parque Monsanto es enorme, mejor ir en coche.

Palácio dos Marqueses de Fronteira ★★★

A2 *Largo São Domingos de Benfica, 1 - Ⓜ Jardín Zoológico después 15-20 min a pie - ☎ 217 782 023 - fronteira-alorna.pt - visitas guiadas (45 min): de lu. a sá. a las 11:00 h y a las 12:00 h - 13 € - visitas gratis del jardín: de lu.a vi. de 10:00 a 16:30 h y sá. de 10:00 a 12:30 h - 5 € - audioguía 3 €.*

Situado en el extremo norte del Parque de Monsanto, el Palacio del Marqués de Fronteira fue construido a instancias de João de Mascarenhas, primer Marqués de Fronteira, hacia 1670. Antiguo pabellón de caza e immerso en la natura en su momento, el edificio sigue habitado por el actual marqués de Fronteira. Aunque fuertemente influenciado por el Renacimiento italiano, es uno de los mejores ejemplos de la arquitectura aristocrática portuguesa. Se distingue por la excepcional calidad y variedad de estilos de sus paneles **de azulejos★★★** del siglo XVII. En el interior

del palacio destacan los de la **Sala de las Batallas**, que evocan con detalle los grandiosos episodios de la Guerra de la Restauración en los que se reconoce al primer marqués de Fronteira; el comedor está decorado con azulejos importados de Delft (siglo XVII) **.**
Terrazas y jardines forman un laberinto encantado. Incluso en el exterior, no hay superficie plana que no esté decorada con estos pequeños azulejos vidriados, hasta las profundas grutas tienen incrustaciones de conchas y porcelana china. Estos azulejos representan escenas rústicas sobre el tema de las estaciones y el trabajo en el campo, o escenas grandiosas y solemnes como los doce caballeros de la **Galería de los Reyes** *(en la terraza de arriba)* reflejados en el agua del estanque de abajo. También se representan estrellas, dioses ingenuos o figuras del zodiaco, así como un divertido bestiario en el que unos monos enseñan a jugar a unos gatos un poco regordetes.

Vista de la galería de los Reyes en los Jardines del Palacio dos Marqueses de Fronteira.

Besides the Obvious/Getty Images Plus

Parque Florestal de Monsanto ★

A1-5 🚌 *711, 724, 729, 770 - ☎ 218 170 200 - acceso libre.*
Pulmón verde de Lisboa, el parque de 900 hectáreas cuenta con un centro de información donde se ilustran las rutas y las actividades recreativas que se ofrecen. Con motivo del reconocimiento de «Capital Verde de Europa» otorgado a la ciudad en 2020, se trazó un recorrido de 14 km de excursión para descubrir la fauna y la flora del parque con **vistas**★ panorámicas de la ciudad.

Jardim Zoológico

B1 *Estrada de Benfica, 158 - ☎ 217 232 900 - www.zoo.pt - de 10:00 a 18:45 h; del 21 de septiembre al 20 de marzo de 10:00 a 17:15 h - 21,38 €.*
En las 26 hectáreas del Parque de las Laranjeiras viven 2.500 animales, entre ellos muchas especies exóticas. Espectáculos.

Museu da Música ★

Ⓜ *Alto dos Moinhos - ☎ 217 710 990 - www.museunacionaldamusica.gov.pt - de lu. a sá. de 10:00 a 18:00 h - 3 €.*
En la estación de metro se encuentra una importante colección de instrumentos y publicaciones sobre música del siglo XVI al XX.

Gran Lisboa

Las numerosas atracciones de Lisboa no deben eclipsar las fortalezas de los barrios periféricos. En primer lugar el imperdible «Versalles lusitano», el Palacio Nacional de Queluz, con todo el encanto del siglo XVIII, en Almada los restaurantes de pescado que atraen a multitudes tanto como el «Cristo Redentor», una famosa copia del de Río.

▶ **Cómo llegar**: Queluz: 🚆 trenes cada 20 minutos con salida desde las estaciones Rossio y Oriente (línea de Sintra; bajar en la estación Queluz-Belas y luego caminar 15 minutos o llega con el autobús nº 25). Almada: 🚌 753 del Marqués de Pombal. A Cacilhas: Acceso en ferry desde las estaciones fluviales de Cais do Sodré o Terreiro do Paço.
Mapa de los alrededores de Lisboa al lado.
▶ **Consejos**: en temporada, no te pierdas los espectáculos ecuestres que tienen lugar en los jardines del Palacio Nacional de Queluz. Aprovecha los billetes combinados si también tienes intención de visitar Sintra o compra una Lisboa Card.

Palácio Nacional de Queluz ★★

5 km al noroeste de Lisboa - ✆ 219 237 300 - www.parquesde sintra.pt -# de 09:00 a 17:30 h, jardines hasta las 18:00 h (horarios sujetos a variaciones estacionales) - 10 € (6-17 años 8,50 €); solo jardines: 5 € (6-17 años 3,50 €).
El Palacio Nacional de Queluz transporta al visitante directamente al siglo XVIII. En sus jardines estilo francés adornados con pilas y estatuas, donde dominan las fachadas rococó de colores pastel con numerosas aberturas, uno casi se siente como en una de las fiestas galantes pintadas por Watteau. Aunque está inspirado en el Castillo de Versalles, sus proporciones lo hacen íntimo. Los salones decorados con muebles y objetos recuerdan que el palacio nacional es también un Museo de Arte Decorativo.

Sala del Trono★ - Suntuosa, evoca la Galería de los Espejos de Versalles con sus puertas falsas decoradas con espejos; cariátides sostienen el techo abovedado, pintado al fresco con alegorías, del que cuelgan magníficas lámparas de araña de cristal de Murano. Admira también los techos de la sala de Música y las habitaciones de las princesas. La sala de Azulejos debe su nombre a los magníficos azulejos policromados del siglo XVIII que representan paisajes de China y Brasil.
Sala de los Embajadores - Decorada con mármol y espejos, cuenta con un techo pintado al fresco que representa un concierto en la corte del rey José y diversos motivos mitológicos. Tras pasar por la sala de los Aperitivos, adornada con maderas doradas y pinturas del siglo XVIII que evocan los picnics reales, se accede a la **sala Don Quijote**, en el

ALREDEDORES DE LISBOA

0   8 km

OCÉANO

Ericeira

N 116

Tapada de Mafra

A 21

Mafra

N 247

N 116   Malveira

A 8

A 9

Parque

A 1

Natural

Praia das Maças

Azenhas do Mar

N 375

N 117

de

Almoçagene

Parque de Monserrate ★

Praia Pequeña

Praia Grande

Praia da Adraga

Colares

Serra de

SINTRA ★★★

A 9

Odivelas

Cabo da Roca ★

Sintra ★★

IC 19

Parque da Pena ★★

★★ **Ponte Vasco da Gama**

Amadora

Peninha

N 9-1

N 6-8

Malveira

Queluz ★★

Sintra-Cascáis

A 5

LISBOA ★★★

TAJO

★ Praia do Guincho

Cascais ★

Estoril ★

N 6

★★★ **TORRE DE BELÉM**

Ponte 25 de Abril ★

★ Boca do Inferno

Praia de Carcavelos

Praia da Torre

★★ **Cristo Rei**

Almada

Barreiro

ATLÁNTICO

Costa da Caparica

IC 20

A 2-IP 7

que ocho columnas sostienen un techo circular; las pinturas ilustran la vida del héroe de Cervantes. El salón de la Reina presenta un estilo rococó francés.
Jardines - Diseñados por Robillon al estilo de Le Nôtre, están adornados con arbustos de boj perfilados, con cipreses, estatuas y arbustos floridos que adornan los estanques. Desde el estanque de las Nereidas hay una hermosa vista del estanque de Neptuno y de la representativa fachada reconstruida por Robillon. Abajo, el parque a la italiana seduce con sus estanques, cascadas, pérgolas verdes y muros cubiertos de buganvillas. El **Gran Canal** está bordeado de muros cubiertos de azulejos del siglo XVIII que representan puertos marítimos y fluviales. La familia real solía navegar en barca por el río Jamor, a menudo reducido a un

JoseIgnacioSoto/Getty Images Plus

Palacio Nacional de Queluz

hilo de agua. Admira la fachada del Pabellón Robillón, precedida por la magnífica **escalera de los Leones**★ y la columnata que la prolonga.

Más allá del canal se descubre la fuente de Neptuno, un extenso naranjal, los restos de un palmeral y un jardín botánico que evoca la pasión por el cultivo de la piña, descubierto en Europa a principios del siglo XVI. En el parque también viven algunos de los caballos de la Escuela Portuguesa de Arte Equestre, que actúa regularmente en el Picadeiro Henrique Calado en Belém.

(⊙ *pág. 69 y «Salir por la noche» pág. 113*).

Almada

3,5 km al sur de Lisboa.
El municipio de Almada es frecuentado por los lisboetas por sus numerosos restaurantes especializados en pescado y marisco.
Cristo Rei★★ - 🚌 *101 desde el embarcadero de Cacilhas - ☎ 212 751 000 - www.cristorei.pt - acceso en ascensor, luego 74 escalones - a partir de las 09:30 h - 8 €*. La estatua gigante del Cristo Rey, una copia más pequeña del Cristo Redentor de Río de Janeiro, fue erigida en 1959 para agradecer a Dios haber salvado a Portugal durante la Segunda Guerra Mundial. Desde el pedestal que, a 85 m del suelo y 113 m sobre el Tajo, sostiene la estatua de 29 m de altura, se ofrece una **vista panorámica**★★ del estuario del Tajo, Lisboa y, al sur, de la llanura hasta Setúbal.
Cacilhas - Desde el muelle de Cacilhas, camina por la parte derecha de los muelles (Cais do Gingal) (hacia el oeste aguas abajo del río) durante 1 km hasta los restaurantes (⊙ *«Dónde comer» pág. 96*). Un poco más allá, a los pies del acantilado, el elevador panorámico de la Boca del Vento *(de 08:00 a 00:00 h - 1,50 €)* te lleva al **Castillo de Almada** y a la **Casa de la Cerca** *(de ma. a do. de 10:00 a 18:00 h)* una mansión del siglo XVIII que acoge exposiciones de arte contemporáneo. Una hermosa terraza da al Tajo. El último barco de la marina portuguesa, la fragata *Dom Fernando II y Glória*, construida en Goa (Indias Portuguesas) en 1845, aún está anclada en el puerto de Cacilhas.
☺ Desde Cacilhas, el autobús 124 te lleva a la playa de Costa de la Caparica. (⊙ *pág. 87*).

Viaje a Sintra★★★

Exuberantes jardines con plantas tropicales, palacios de cuento de hadas, suntuosos palacios y elegantes «quintas» escondidas en el bosque que se eleva hacia lo alto: Sintra parece sacada del sombrero de un mago... Desde 1995, este paisaje cultural es Patrimonio Mundial de la Unesco: la riqueza de su ecosistema, milagrosamente salvado de un incendio en 2018, el importante magnetismo natural del lugar (la montaña encierra enormes moles de hierro) y el brumoso velo de romanticismo que emana lo convierten en un lugar excepcional. Mil veces celebrada por los poetas, Sintra fue durante seis siglos la residencia favorita de soberanos y de la élite aristocrática y burguesa. En las teterías del casco antiguo, no te olvides probar las «queijadas», deliciosas tartas suaves y crujientes de canela y queso fresco, una especialidad de Sintra.

▶**Cómo llegar**: 🚆 desde la estación Rossio de Lisboa, trenes aproximadamente cada 30 minutos *(viaje de 40 minutos - 4,50 € ida y vuelta)*.

Mapa de los alrededores de Lisboa pág. 81.

▶**Consejos**: El tráfico es muy elevado, especialmente los fines de semana de verano. Evita absolutamente llegar en coche: las calles de sentido único, la dificultad de circulación, un centro histórico reservado a los residentes y la casi imposibilidad de aparcar arruinarán tu viaje. Descuentos del 5 al 10% en la compra de una entrada que combine la visita de 2 a 6 sitios, incluido el Palacio de Queluz. El autobús 434 (parada en la estación y frente a la oficina de turismo) recorre la parte alta de la Serra (Castillo de los Mouros y Parque de la Pena): para ahorrarte una subida pronunciada, compra el billete circular *Circuito de la Pena* (www.scotturb.com - 6,90€ - posibilidad de subir y bajar en cualquier momento).

☏ ✎ 219 237 300 - www.parquesdesintra.pt - *horarios de apertura sujetos a variaciones estacionales: solicitar información. Reducciones: 6-17 años y mayores de 65.*

Palácio Nacional ★★

Praça da República - de 09:30 a 18:00 h - cerrado durante las ceremonias oficiales - 10 € - entrada gratuita a los jardines.

El Palacio Nacional debe su heterogénea estructura a las diferentes ampliaciones realizadas a lo largo del tiempo. El edificio central fue construido por el rey Juan I (finales del siglo XIV); las alas son obra del rey Manuel I (principios del siglo XVI). Las dos chimeneas cónicas que dominan el palacio y las bíforas moriscas *(ajimeces)* y manuelinas son los elementos que más caracterizan el exterior. El interior destaca por su notable decoración de **azulejos**★★ de los siglos XV y XVI (la Sala de los Árabes, la capilla y la Sala de las Sirenas). No te olvides de admirar el **techo**★★ de la

Sala de los Blasones, cuyas arcas están pintadas con los escudos de armas de 72 familias nobles portuguesas de principios del siglo XVI.

Castelo dos Mouros ★

Estrada da Pena - 20 minutos a pie ida y veulta desde la taquilla - ☎ 219 237 300 - de 09:00 a 18:00 h - 8 €.
Del castillo de los moros, construido sobre una colina rocosa en el siglo VIII o XIX, solo queda un muro almenado, que sigue la pendiente, y cuatro torres cuadradas, así como los restos de una capilla románica. Desde la torre real se tiene una hermosa vista de Sintra, la costa atlántica y el palacio de la Pena.

Parque da Pena ★★

Estrada da Pena - de 09:00 a 18:00 h - 7,50€.

DaLiu/Getty Images Plus

Sintra, el Palacio Nacional de la Pena, declarado Patrimonio de la Humanidad por la Unesco.

Al sur de Sintra, este encantador parque rodeado por una imponente muralla, ocupa una superficie de 200 hectáreas en las laderas graníticas de la Sierra de Sintra. El parque custodia plantas raras, tanto nórdicas como tropicales, y está embellecido por un gran número de estanques y fuentes. Una calle peatonal permite llegar a la **Cruz Alta★★**. Este pico, dominado por una cruz, ofrece un inmenso **panorama** de la montaña (a excepción de Sintra) y la llanura circundante, hasta el sur de Lisboa *(detrás del edificio de la Pena)*. Al borde del parque, el **chalet de la condesa de** *Edla (misma entrada) es* una pintoresca construcción de madera de la década de 1860. Èlise Hensler (1836-1929) fue una cantante que se convirtió en condesa de Edla y segunda esposa de Fernando II. A la condesa le encantaba la tranquilidad del lugar y los jardines de camelias y rododendros.

Palácio Nacional da Pena ★★

Estrada da Pena - ☎ 219 237 300 - de 09:30 a 18:00 h - 14 € incluidos parque y terrazas.
Encaramado en uno de los puntos más altos del invernadero, este palacio fue construido a mediados del siglo XIX por el rey Fernando II sobre un antiguo convento jerónimo del siglo XVI. La extravagancia del palacio recuerda a ciertos castillos del rey Luis II de Baviera, aunque fue construido 30 años antes. Varios estilos «neo» se yuxtaponen más o menos felizmente: gótico, manuelino, renacentista, barroco, a los que se añade un toque

de exotismo morisco. Los vivos colores de las paredes acentúan su originalidad.

Quinta da Regaleira ★★

Rua Barbosa du Bocage (N375), 800 m al oeste del centro de la ciudad - ✆ 219 106 650 - de 10:00 a 17:30 h - 10 €.
En el lugar de una antigua *quinta* de finales del siglo XVII, **Carvalho Monteiro** (1848-1920), un rico hombre de negocios, apasionado del esoterismo y la masonería, hizo construir a principios del siglo XX este fascinante conjunto de edificios en una mezcla de estilos, especialmente gótico, renacentista y manuelino.
Ubicada en el Invernadero de Sintra, la finca ofrece un viaje esotérico iniciático y un complejo simbolismo vinculado a los templarios, la alquimia, el cristianismo, la mitología portuguesa y grecorromana, etc..

Parque y Palácio de Monserrate ★

Estrada de Monserrate (N375), 2,7 km al oeste de la quinta de la Regaleira (acceso en autobús 435) - ✆ 219 237 300 - jardines de 09:00 a 18:00 h; palacio de 09:30 a 18:00 h - 8 €.
El vasto **parque★** estilo inglés, compuesto de varias esencias, rodea un palacio neo-oriental construido en el siglo XIX por un rico inglés. La escalera y el pasillo central que conducen a la sala de la música han recuperado su fascinante decoración de estuco. Las cocinas, bajo la rotonda, forman un increíble contraste con su relativa modernidad.

NewsMuseum

Rua Visconde de Monserrate, 26 - ✆ 210 126 600 - www.newsmuseum.pt - de 10:00 a 17:30 h - 6,50 €.
Inaugurado el 25 de abril de 2016, con motivo de los 42 años de la Revolución de los Claveles, este museo dedicado a los **medios de comunicación**, al **periodismo** y a la **comunicación** de masas, recurre a las últimas tecnologías digitales para descifrar los discursos propagandísticos, analizar el impacto social de la difusión de los medios de comunicación, recordar cómo la libertad de prensa es a la vez esencial y frágil o cuestionar el periodismo del futuro. Archivos de vídeo, sonido o papel recuerdan pasajes gloriosos de la historia de Portugal y del mundo vistos a través del lente de la cobertura mediática, con especial atención a los reportajes en zonas de guerra y al periodismo deportivo.

85

Playas

La costa al oeste de Lisboa ha sido apodada la costa de las «dos primaveras»: allí, de hecho, el clima templado permite que las plantas florezcan dos veces al año. En 1870, la familia real portuguesa hizo del pueblo pesquero de Cascais el destino de sus estancias estivales, y pronto fue imitado por la alta aristocracia portuguesa y británica. Apreciada por sus aguas termales, Estoril fue, en los años treinta, el lugar de residencia de multimillonarios y reyes en el exilio. Estas dos estaciones balnearias, junto con otras playas de la Riviera de Lisboa, ofrecen una agradable excursión al punto más occidental de Europa. El ambiente es mucho más popular al otro lado del estuario, donde las interminables playas de arena fina de la Costa de la Caparica atraen a surfistas y bañistas.

▶**Cómo llegar**: desde la estación Cais do Sodré, en Lisboa, trenes cada 10-20 minutos desde las 05:30 hasta la 13:30 h hacia Oeiras, Carcavelos, Estoril y Cascais *(viaje de 30-40 minutos - 2,25 €)*. Para llegar a la Playa del Guincho, alquila una bicicleta en Cascais.
Para Costa da Caparica, tomar el autobús nº 153 Plaza de Espanha o cruzar la ría hasta Cacilhas (☞ *pág. 82*) después tomar el autobús nº 124.
Mapa de los alrededores de Lisboa pág. 81.
▶**Consejo**: durante la temporada de verano evita ir allí los fines de semana.

Praia da Torre

La playa cerca **Oeiras**, dominada por la gran fortaleza de São Julião de la Torre, afortunadamente se encuentra fuera del concurrido y ruidoso eje que recorre la costa. Muy popular, tiene una piscina de agua de mar y ofrece tratamientos de spa y deportes acuáticos.

Praia de Carcavelos

Aquí se encuentra la playa más grande, si no la más hermosa, de la costa oeste de Lisboa. En Carcavelos hay mucha gente los fines de semana y los jueves por la mañana, día de la feria del Levante, un gran mercado de ropa usada al aire libre.

Estoril ★

Cruce de caminos para el espionaje y la diplomacia secreta durante la II Guerra Mundial, la ciudad ha conservado el ambiente cosmopolita y sofisticado de la época. El lugar es agradable, con sus playas de arena fina y vistas a la bahía de Cascais, su parque de plantas exóticas, sus calles sombreadas por palmeras y sus suntuosas villas en las alturas del Monte Estoril, que compiten entre sí por opulencia. Numerosos entretenimientos (un campo de golf, el mayor casino de Europa), competiciones deportivas (regatas, carreras de caballos, torneo internacional de tenis) y festividades (las fiestas del mar en julio) atraen a un público internacional.

Cascais ★

Muy elegante con su paseo marítimo, salpicado de hoteles de lujo, la localidad conserva un pequeño centro peatonal lleno de encanto.

Después de nadar en la pequeña Playa de la Rainha, visita la **ciudadela de Cascais**. Bellamente restaurado y adornado con esculturas contemporáneas, el complejo alberga, alrededor del antiguo patio de armas, un hotel y restaurante de lujo, una capilla, residencias de artistas y una galería de arte, así como el palacio real o Palacio de la Cidadela (☎ *213 614 663 - solicitar información)*, residencia de verano de la realeza después de 1870 y de los presidentes de la república hasta la dictadura.

Un pasaje da acceso al **fuerte de Nossa Senhora de la Luz** *(cerrado al público)* con vistas al puerto deportivo. El origen del fuerte se remonta a finales del siglo xv.

No muy lejos, el **Palacio Condes de Castro Guimarães** (☎ *214 815 303 - de ma. a do. de 10:00 a 18:00 h - 4 €)* es un excéntrico palacio (siglo xix) que alberga diversas obras de arte.

Cruzando el parque de Carmona, los amantes del arte contemporáneo podrán visitar la **Casa de las Historias Paula Rego** *(Av. de la República, 300 - ☎ 214 826 970 - www.casadashistoriaspaularego.com - de ma. a do. de 10:00 a 17:40 h- 5 €)*, que alberga las obras de Paula Rego

(nacida en 1935), una importante artista influenciada especialmente por Dubuffet.

Boca do Inferno ★

Se trata de una división en la costa, a las afueras de Cascais, donde el agua choca con sus paredes rocosas, generando un sonido similar a un gemido humano. Cerca hay numerosas tiendas para turistas y un elegante restaurante.

Praia do Guincho ★

Grandes dunas y un fuerte bordean esta inmensa playa, la más bella y salvaje de la Riviera. A lo largo de la costa, a menudo ventosa y muy popular entre los surfistas, se suceden lujosos restaurantes de pescado.

Cabo da Roca ★

Este acantilado «donde termina la tierra y comienza el mar» (Camões) forma el extremo más occidental del continente europeo. Aquí termina la Sierra de Sintra, con un acantilado de 140 m de altura.

Costa da Caparica

En el lado sur del estuario, esta moderna estación balnearia atrae a muchos lisboetas en verano que aprovechan una franja de diez kilómetros de arena fina. Las playas bordeadas de dunas se vuelven cada vez más salvajes a medida que se avanza hacia el sur. Casi todas disponen de restaurante y ofrecen la posibilidad de alquilar material de surf.

NUESTRAS DIRECCIONES

Latas de sardinas en la tienda A Vida Portuguesa.
Pedro Guimarães/A Vida Portuguesa

Dónde comer

La mayoría de los restaurantes ofrecen cocina tradicional portuguesa. Muy a menudo en Lisboa se come en la **barra** de las *tasquinhas* (restaurantes o bares locales) pero también en determinados restaurantes de nivel superior. Las **pastelerías** *(pastelarias)* casi siempre tienen asientos y te sacian con tentempiés abundantes (buñuelos de bacalao, galletas saladas, etc.., o incluso el plato del día para comer). Algunas **cafeterías** también ofrecen platos rápidos, sencillos, tradicionales y sustanciosos, con una excelente relación calidad-precio. En Lisboa también encontrarás muchos restaurantes de cocina extranjera que forman parte de la herencia colonial: brasileña, caboverdiana, goanesa, china de Macao, etc.. Se recomienda reservar por las noches y los fines de semana. Los establecimientos más sencillos no aceptan tarjetas de crédito.

☞ *Ver también «Dónde beber» pág. 98, «Restauración» pág. 125 y «Gastronomía» pág. 154.*

☞ **Encontrarás las direcciones en el mapa extraíble y en los planos de la ciudad y de los barrios gracias a los puntos numerados (p. ej. ❶). Las coordenadas en rojo (p.ej. C2) se refieren al mapa extraíble (interior de la portada).**

La Baixa y el Rossio
Plano del barrio pág. 18

Menos de 20€
31 Cerqueira - **E5** - *calçada de Santana, 49* - Ⓜ *Martim Moniz* - ☏ *218 871 369 - de 12:00 a 15:00 h y de 18:00 a 23:00 h - platos alrededor de 10/15 €.* Un lugar familiar y agradable, alejado de los barrios turísticos. Elije uno de los copiosos platos del día.

24 Tentações de Goa - **F6** - *R. de Sao Pedro Mártir, 23* - Ⓜ *Rossio* - ☏ *218 875 824 -* 🚫 *- de 12:00 a 16:00 h y de 19:00 a 22:00 h - cerrado do., lu. al mediodía y festivos - platos 10/15 €.* Pequeño, íntimo y colorido restaurante donde degustar especialidades de la India y Goa con una gran variedad de platos al *caril* (cangrejo y gambas al curry, etc.). Trato agradable.

De 20 a 30 €
21 Casa do Alentejo - **E5** - *R. das Portas de Santo Antão, 58* - Ⓜ *Restauradores* - ☏ *213 405 140 - casadoalentejo.pt - todos los días excepto lu. de 12:00 a 16:00 h y de 19:00 a 23:00 h - platos 13,50/18 €.* En un antiguo palacio revestido de azulejos, especialidades alentejanas en un ambiente único. Domingo por la tarde *(de 15:00 a 19:00 h desde mediados de septiembre a mediados de junio)* ¡Baile con orquesta!

De 40 a 60 €
❤ **22 Gambrinus** - **E6** - *R. das Portas de Santo Antão, 23-25* - Ⓜ *Restauradores* - ☏ *213 421 466 - www.gambrinuslisboa. com - de 12:00 a 00:00 h, vi. y sá. de 12:00 a 01:00 h - platos 22/38 €.* En un ambiente de madera oscura y cuero marrón típicos de los años sesenta, se encuentra uno de los mejores restaurantes de pescado de la ciudad, fundado en 1936.

Alfama y Mouraria

Plano del barrio págs. 24-25 Para la Mouraria, consulta el plano del barrio. pág. 35

De 20 a 30 €

62 Cantinho do Aziz - F6 - *R. de São Lourenço, 3-5 -* 🚋 *28E -* 📞 *218 876 472 - cantinhodoaziz.com - de 12:00 a 23:00 h - platos 12/20 €.* En el lado Mouraria de la colina, la chef Jeny prepara cocina luso-monzambiqueña creativa a base de cabrito, cigalas, cangrejo y arroz con coco. Las espartanas terrazas de la calle de la colina te sumergerán en el ambiente popular del barrio. Se recomienda reservar los fines de semana.

34 Le Petit Café - F6 - *Largo de São Martinho, 6-7 -* 🚋 *28E -* 📞 *218 881 304 - lepetitcaferesto.wixsite.com/ lepetitcafe -* 🚭 *- de 12:00 a 23:00 h - platos 12/21 €.* Con un bonito comedor y una pequeña terraza muy popular. Cocina internacional para una clientela turística, en la línea 28 del tranvía.

De 30 a 45 €

52 Ramiro - F5 - *Av. Almirante Reis, 1 -* Ⓜ *Intendente o Martim Moniz -* 📞 *218 851 024 - www.cervejariaramiro. pt - de 12:00 a 00:00 h - cerrado lu. y agosto - platos 14/40 €.* Al pie de la colina de Graça, es una institución desde 1956 para los amantes del marisco. Buena relación calidad-precio.

Graça y Santa Apolónia

Plano del barrio pág. 35

De 20 a 35 €

38 Santa clara dos Cogumelos - G5 *- Campo de Santa Clara, 7 -* Ⓜ *Santa Apolónia -* 📞 *218 870 661 - www.santaclaradoscogumelos.com - de 19:30 a 22:30 h, sá. de 12:30 a 15:30 h y de 19:00 a 22:30 h - cerrado lu. - platos 14/30 €.* Puedes ir a comer los sábados, cuando hay mercadillo (Feira da Ladra). Un lugar perfecto para degustar sabrosos platos del día a base de setas. *(cogumelos)* ¡Obviamente!

Chiado y Santa Catarina

Plano del barrio pág. 42

Menos de 20€

36 Órganos Chiado - E6 - *Calçada Nova de São Francisco, 2 -* Ⓜ *Baixa-Chiado -* 📞 *216 065 121 - organi.pt - de 12:00 a 15:30 h y de 19:00 a 22:30 h - platos aprox. 10/15 €.* Desde los manteles hasta la decoración, el verde es el color predominante aquí. Los platos se preparan con productos frescos y cambian a diario según la disponibilidad del mercado. Aunque bastante caros, se ofrecen vinos ecológicos y añejos seleccionados.

29 Oficina do Duque - E6 - *Calçada do Duque, 43 -* Ⓜ *Baixa-Chiado -* 📞 *210 996 354 - de 12:00 a 22:30 h - platos 10/15 €.* Pequeño restaurante que ofrece una combinación de dulce y salado y mezclas insólitas (cuscús de cordero y helado de menta: lechuga, queso y fresas); en verano, amplía la terraza hasta la escalinata de la Calçada. Buen trato y ambiente cordial.

9 Ao 26 - E7 - *R. Vítor Cordon, 26 -* Ⓜ *Cais do Sodré -* 📞 *967 989 184 - ao26vegan.eatbu.com -* 🚭 *- de 12:30 a 23:00 h - platos 12/16 €.* Agradable restaurante vegano que sirve excelentes ensaladas de quinoa y «hamburguesa» de arroz venus con espinacas. Postres sabrosos y menú creativo. El servicio es excelente y joven.

De 20 a 30 €

23 Café Buenos Aires - **E6** - *Calçada do Duque, 31B* - Ⓜ *Rossio* - ✆ *213 420 739* - 🖃 - *todos los días excepto do. de 18:00 a 01:00 h - cerrado enero - platos 12,50/19,50 €.* Cálido restaurante con especialidades argentinas, empezando por carnes a la parrilla y ceviche de pescado. Ambiente bohemio y una pequeña terraza con vistas a la ciudad.

❤ **60 Clube do Bacalhau** - **E7** - *Travessa do Cotovelo, 12* - Ⓜ *Baixa-Chiado* - ✆ *213 420 737* - ♿ - *de mi. a sá. de 16:00 a 00.00 h, do. de 13:00 a 00:00 h (horario irregular, pide información) - platos 13/18 €.* El cerdo negro y, sobre todo, el bacalao, los dos ingredientes estrella del chef, se cocinan con una mezcla de tradición portuguesa y japonesa. Se sirven en un edificio del 1890 que a su vez sirvió de *salgadeira* (almacén de embutidos), establo, panadería... la extravagante cerámica y los muebles recuperados añaden un toque extra a la hermosa sala abovedada de dos plantas.

De 30 a 40€

1 Palacio Chiado - **E6** - *R. do Alecrim, 70* - Ⓜ *Baixa-Chiado* - ✆ *210 101 184* - *palaciochiado.pt - de 12:30 a 16:00 h y de 19:00 a 00:00 h (de ju. a sá. 02:00 h) - platos 24/39 €.* Situado en un edificio neoclásico (siglo XVIII), tiene molduras, vidrieras y murales, así como una majestuosa escalera. Buena carta: cocina tradicional portuguesa, sana y vegana, pescados y mariscos, tapas, carnes portuguesas, etc. Restaurante en la planta superior, bar en la planta baja.

De 40 a 70€

❤ **4 Barrio de Avillez** - **E6** - *R. Nova da Trindade, 18* - Ⓜ *Baixa-Chiado* - ✆ *210 998 320 - www.bairrodoavillez.pt - de 12:30 a 15:00 h y de 19:00 a 00:00 h (páteo); de 12:00 a 00:00 h (taberna); de 19:00 a 12.00 h, fines de semana de 12:30 a 15:00 h y de 19:00 a 00:00 h (pizzería) - platos 20/60 € (páteo); platos 9/20 € (taberna); pizza 10/18 € (pizzería)* En este amplio y cuidado espacio, el talentoso chef José Avillez ofrece diferentes conceptos gastronómicos: cocina refinada de mariscos y pescados en el *páteo*, tapas excepcionales en la *taberna*, más accesible, sin olvidar las excelentes pizzas. Un evento que no debes perderte.

De 70 a 90 €

20 Alma - **E6** - *R. Anchieta, 15* - Ⓜ *Baixa-Chiado* - ✆ *213 470 650 - www.almalisboa.pt - todos los días excepto el lu. de 12:30 a 15:30 h y de 19:00 a 23:00 h - platos 40/48 € - reserva obligatoria.* Sin duda el mejor lugar de Lisboa, dos estrellas Michelin 2022, gracias al chef Henrique Sá Pessoa. Dos menús degustación (160 € sin vinos), uno de ellos de marisco, te permitirá descubrir una cocina de gran calidad. La refinada presentación de los platos no se queda atrás.

El Barrio Alto

Plano del barrio pág. 42

De 20 a 30 €

33 Cervejaria do Barrio - **E6** - *R. do Norte, 86* - Ⓜ *Baixa-Chiado* - ✆ *965 271 949 - todos los días excepto el lu. de 18:00 a 22:30 h - platos 10/18 €.* Un lugar con un mobiliario refinado, dedicado a los productos pesqueros:

Francisco Nogueira/Palácio Chiado

El restaurante del Palácio Chiado.

crustáceos y pescados vendidos principalmente al peso. Productos frescos, magistralmente preparados con guarniciones sencillas pero sabrosas.

❤ 41 **The Decadente** - **E6** - *R. de São Pedro de Alcântara, 81 -* Ⓜ *Restauradores -* ☎ *213 461 381 - www.thedecadente.pt - de 19:00 a 22:30 h- platos 10/18 € - recomendado reservar.* Restaurante ubicado en un albergue juvenil. Platos inspirados en la cocina portuguesa, bien elaborados y a buen precio servidos en una sala con mobiliario variado o en un patio interior.

❤ 32 **A Cevicheria** - **D5** - *R. Dom Pedro V, 129 -* Ⓜ *Baixa-Chiado - www.acevicheria.pt -* ☎ *218 038 815*

- de 12:00 a 23:30 h - platos 16/35 € - menú 55 € . Cocina sana, original y refinada, apreciada por la gente de moda del barrio Príncipe Real. Tendrás que llegar pronto para tener la suerte de descubrir los sabores insólitos del Chef Kiko, ¡bajo el pulpo gigante que cuelga del techo!

De 30 a 45 €

64 **Tapisco** - **E5** - *R. Dom Pedro V, 81 -* Ⓜ *Restauradores poi ascensor da Glória -* ☎ *213 420 681 - www.tapisco.pt - de 12:00 a 16:00 h y de 19:00 a 00:00 h, fines de semana y festivos de 12:00 a 00:00 h - platos 21/44 €.* Un agradable restaurante cerca del barrio Príncipe Real. El chef ofrece cocina de fusión luso-española basada principalmente en pescados y mariscos. Puedes

sentarte en un comedor bastante largo o en la barra para disfrutar de los deliciosos *petiscos*.

El Rato y las Amoreiras

Plano del barrio pág. 52

De 20 a 35 €

10 Dalí Cozinha Surreal - **C5** - *Rua de Infantaria 16, 43 - Campo de Ourique - Tram 25E - 966 259 945 - horario variable, pide información - platos 9,50/16 €.* Ambiente roquero y decoración de los años 80 en este restaurante original y acogedor. Platos pequeños, sencillos y sabrosos inspirados en cocinas de todo el mundo. El plato con una hilera de gambas colgantes es todo un éxito.

28 Real Fábrica - **D5** - *R. da Escola Politécnica, 275 - M Rato - 213870 456 - de lu. a vi. de 09:00 a 22:30 h, sá. de 10:00 a 22:30 h- platos 10,50/20 €.* Esta *marisquería* cervejaria *(cervecería)*, en el local de una antigua fábrica de seda, ha conservado las paredes de ladrillo a las que han añadido cristal y acero como toque moderno. La pecera da la bienvenida a la entrada del restaurante y éste divide su carta en partes iguales entre marisco, pescado y carne con especialidades alentejanas *(porco preto)*.

44 Casa dos Passarinhos - **C5** - *R. Silva Carvalho, 195 - M Rato - 213 882 346 - de 12:00 a 15:00 h y de 19:00 a 22:30 h - cerrado do. y agosto - platos aprox. 15/25 €.* Excelente *bodega* de la ciudad. Entre sus especialidades destacan la *massada de tamboril com gambas* (sopa con pasta, rape y gambas).

Estrela, Madragoa y Lapa

Plano del barrio pág. 52

De 20 a 30 €

2 Forno d'Oro - **D4** - *R. Artilharia 1, 16B - M Marquès de Pombal - 213 879 944 - www.fornodoro.pt - ♿ - lu. de 18:00 a 22:30 h, de mi. a vi. de 12:00 a 15:00 h y de 19:00 a 22:30 h, fines de semana de 12:15 a 15:00 h y de 19:00 a 22:30 h- platos 10.50/21 € - pizza 11.50/21 €.* Esta pizzería, que exhibe con orgullo su dorado horno de leña en la entrada, sirve las mejores pizzas de la ciudad, preparadas según la tradición napolitana. Cervezas artesanas.

❤️ 47 Pão de Canela - **D6** - *Praça das Flores, 25-29 - M Rato - 213 972 220 - www.paodecanela.pt - de 08:00 a 23:00 h - platos 14/19 €.* Restaurante y salón de té con terraza en una agradable plaza arbolada. Cocina portuguesa y aperitivos a cualquier hora: bollería, tartas saladas, fruta... Perfecto para el brunch.

Más de 100 €

3 Loco - **C6** - *R. Navegantes, 53B - Tram 28E - 213 951 861 - www.loco.pt - de ma. a sá. de 19:00 a 23:00 h - cerrado primera quincena de junio y de noviembre - imprescindible reservar.* Desde su cocina abierta a una sala de diseño, Alexandre Silva, uno de los mejores chefs del país, «dirige» un festival de sabores sorprendentes donde dominan los ingredientes exóticos y orgánicos. Dos menús degustación (16 platos, 125 €) para una experiencia culinaria inolvidable. Una estrella en la guía Michelin 2022.

Mapa extraíble

Menos de 20€

❤️ 43 **Mercado de Campo de Ourique**
- *C5* - *R. Coelho da Rocha* - 🚊 *25E, 28E*
- ☎ *211 323 701* - *de 07:00 a 23:00 h, mi., ju. y do. de 10:00 a 00:00 h, vi. y sá. de 07:00 a 13:00 h.* Mercado de 1934 renovado en 2013, que combina los puestos tradicionales con puestos de restauración. Un concepto idéntico al del Mercado da Ribeira *(ver más abajo)* pero a menor escala, en una zona residencial alejada de los circuitos turísticos: ¡el ambiente es aún más auténtico!

A lo largo del Tajo

Planos del barrio págs. 42 y 52

Menos de 20€

48 **Mercado da Ribeira** - *E7* - *Av. 24 de Julho* - Ⓜ *Cais do Sodré* - ☎ *213 951 274* - *www.timeoutmarket.com* - *de 10:00 a 00:00 h.* Promocionado como mercado cubierto del siglo xix por su excelencia en la revista *Time out* en 2014, acoge puestos de cocina portuguesa e internacional que puedes degustar sentado en grandes mesas comunales. Una experiencia que te permitirá degustar los platos de chefs de moda (Alexandre Silva, Marlene Vieira...). También encontrarás grandes especialidades culinarias portuguesas: pastelería, conservas, quesos, charcutería, incluso una encantadora tienda de artesanía local y una escuela de cocina.

De 30 a 50€

27 **Pap'Açorda** - *E7* - *Mercado da Ribeira, 49* - Ⓜ *Cais do Sodré* - ☎ *213 464 811* - *www.papacorda.com* - ♿

- *todos los días excepto lu. de 12:00 a 00:00 h, vi. y sá. de 12:00 a 02:00 h*
- *platos 18/42 € - se recomienda reservar.* Es un imprescindible en la gastronomía lisboeta, se estableció en 2016 en el piso superior del Mercado da Ribeira *(ver arriba).* Podrás probar la famosa açorda (sopa) de marisco, el orgullo de la casa. Cocina de temporada de la mano de la chef Manuela Brandão.

Mapa extraíble

De 25 a 40€

49 **1300 Taberna** - *A8* - *R. Rodrigues Faria, 103 - LX Factory* - 🚊 *15E, 18E* - ☎ *213 649 170* - *www.1300taberna.com* - *de ma. a sá. de 12:30 a 0:30 h - platos 19/24 €.* Cocina creativa y original para saborear en una enorme sala amueblada en estilo industrial y con objetos rescatados de mercadillos. Buen trato.

6 **Ultimo Porto** - *C8* - *Estação Marítima da Rocha Conde d'Óbidos* - *R. Gen. Gomes Araújo, 1* - 🚊 *15E* - ☎ *213 979 498* - *todos los días excepto do. de 12:00 a 16:00 h - platos 14/40 € - se recomienda reservar.* Una terraza con vistas al Tajo para disfrutar de abundante pescado a precios competitivos. En este recóndito rincón sólo encontrarás portugueses, ¡buena señal!

Parque das Naçoes

Plano del barrio pág. 59

De 30 a 45 €

8 **Butchers** - *R. do Poló Sul, 15 C* - Ⓜ *Oriente* - ☎ *926 221 553* - *de 12:00 a 14:30 h y de 19:00 a 22:15 h - platos a partir de 20 €.*

Local moderno con grandes ventanales que hacen que el interior sea muy luminoso, situado en la planta superior de un edificio justo detrás del casino. Como su nombre indica, aquí la carne es la reina indiscutible, disponible en todos sus cortes.

Belém

Plano del barrio pág. 64

Menos de 20€

5 **Lisbon Café** - *Largo dos Jerónimos, 4A -* Tram *15E -* ✆ *963 113 043 - todos los días excepto lu. de 10:30 a 18:00 h - platos 10/16 €. Burritos*, ensaladas y sándwich: un lugar sin pretensiones pero ideal para un tentempié rápido; el servicio es más informal que en otros restaurantes de la calle principal. Pequeña terraza.

De 20 a 30 €

8 **Taberna dos Ferreiros** - *Tv. Ferreiros en Belém, 5 -* Tram *15E -* ✆ *215 873 837 - todos los días excepto do. noche y lu. de 12:00 a 15:00 h y de 19:00 a 22:00 h - platos 12,50/16 €*. Contra viento y marea y especialmente contra la presión del turismo de masas en Belém, la «taberna de los herreros» persiste en cocinar a la antigua usanza, eligiendo productos de calidad y tomándose su tiempo.

Más de 100 €

9 **Feitoria** - *Altis Hotel Belém & Spa - Doca do Bom Sucesso, 10 -* 🚋 *15E -* ✆ *210 400 200 - www.restaurante feitoria.com - de ma. a sá. de 19:00 a 10:30 h - menú 145/160 €*. El chef João Rodrigues se distingue por una cocina creativa, delicada y refinada, centrada en la calidad de los productos.

Restaurante galardonado con una estrella Michelin en 2022.

Avenida da Liberdade y Saldanha

Mapa extraíble

Menos de 20€

11 **Alfarroba** - **D3** - *R. Tomás Ribeiro, 28 -* Ⓜ *Picoas -* ✆ *932 881 545 -* 🚭 *- de lu. a vi. de 12:00 a 16:00 h - platos aprox. 10/15 €*. La «algarroba» (*alfarroba*), el restaurante vegetariano favorito del barrio, ocupa una pequeña sala de techo alto y luminoso. La pizarra detrás del mostrador muestra los platos del día, éstos pueden elegirse en versión pequeña, grande o especial (degustación). Vinos por copas.

De 20 a 30 €

12 **Casa Nepalesa** - **D2** - *Av. Elias Garcia, 172A -* Ⓜ *Campo Pequeno -* ✆ *217 979 797 - www.casanepalesa.pt - de 12:00 a 15:00 h y de 19:00 a 22:30 h, lu. de 18:30 a 22:30 h - do. cerrado - platos 12,50/19 €*. Una excelente opción para comer después de salir del Museo Calouste Gulbenkian, que está a 5 minutos a pie. Sabrosa cocina nepalesa, carnes y pescados locales marinados con especias y condimentos asiáticos. El ambiente y la presentación de los platos son refinados y la acogida, cálida.

Campo Pequeno y Campo Grande

Mapa extraíble

De 20 a 30 €

51 **O Funil** - **D2** - *Av. Elias Garcia, 82A -* Ⓜ *Campo Pequeno -* ✆ *210 968 912*

El restaurante Ponto Final.

- www.ofunil.pt - todos los días excepto do. y festivos de 12:00 a 15:00 h y de 19.30 a 23:00 h - platos 14/20 €. Restaurante elegante que sirve un delicioso bacalao gratinado al horno. Buena carta de vinos.

Almada

Fuera del mapa

Para llegar a Almada, toma el barco desde Cais do Sodré hasta Cacilhas; en el muelle gira inmediatamente a la derecha y camina por el andén hasta el final (10 min a pie).

De 20 a 30 €

Ponto Final - *Cais do Ginjal, 72 - ☎ 212 760 743 - 🪑 - de 12:30 a 16:00 h y de 19:00 a 23:00 h - cerrado marzo y 1ª quincena de enero - platos 15/25 €. Al final del muelle, ofrece una hermosa vista del puente 25 de abril y de Lisboa desde Bélem hasta Alfama. Se come justo en el muelle, a orillas del Tajo. Merece la pena por las vistas.*

Dónde beber

Lisboa está llena de bares y discotecas. Tradicionales o de moda, íntimos o con una gran terraza, abundan en todos los barrios, especialmente en la **Baixa**, el **Rossio**, el **Chiado** y el **Barrio Alto**.

☞ Encontrarás las direcciones en el mapa extraíble y en los planos de la cuidad y de los barrios mediante puntos numerados (p. ej. **❶**). Las **coordenadas en rojo** (p. ej. **E6**) se refieren al mapa extraíble (en el interior de la portada).

La Baixa y el Rossio

Plano del barrio pág. 18

Café

❶ Café Nicola - **E6** - *Praça Dom Pedro IV, 24-25* - Ⓜ *Rossio* - ☎ *213 460 579 - de 09:30 a 22:00 h, do. de 10:00 a 20:00 h.* Lugar predilecto del poeta Bocage, este bar art déco fue un importante hito lisboeta, sigue siendo un clásico, aunque muy turístico. Ideal para tomar *una bica* (espresso) en la terraza (☞ *pág. 19*).

Bar

❷ Viniportugal - **E7** - *Sala Ogival - Praça do Comércio* - Ⓜ *Terreiro do Paço* - ☎ *213 569 890 - www.vini portugal.pt - todos los días excepto do. de 11:00 a 19:00 h.* En una antigua sala con techo abovedado, pequeña exposición y degustación de vinos portugueses *(horarios: solicitar información).*

❸ A Ginjinha - **E6** - *Largo São Domingos, 8* - Ⓜ *Rossio - de 09:00 a 22:00 h, ju. de 09:00 a 00:00 h.* Para degustar la *ginjinha* (aguardiente de cerezas) en el bar o en la acera (aunque antaño era una costumbre muy popular, hoy sólo forma parte del folclore). Fue aquí donde se inventó esta famosa bebida en 1840.

Pastelería

㉟ Confeitaria Nacional - **E6** - *Praça da Figueira, 18B* - Ⓜ *Rossio - ☎ 213 424 470 - www.confeitarianacional.com - de 08:30 a 19:30 h.* Templo de la gula desde 1829, esta dirección merece una parada tanto por su pastelería como por la decoración de época. Restaurante y tentempiés en la 1ª planta.

Alfama y Mouraria

Plano del barrio págs. 24-25

Bar

❼ Tejo Bar - **F6** - *Beco do Vigario, 1A* - 🚋 *28E* - ☎ *969 756 148 - de 18:00 a 01:00 h, lu. de 23:00 a 01:00 h.* Pequeño bar de ambiente donde el dueño rasguea la guitarra. Algunas noches, fado y exposiciones de arte. Si la puerta está cerrada... ¡no dudes en llamar!

❻ Chapitô - **F6** - *R. Costa do Castelo, 7* - 🚋 *12E, 28E* - ☎ *218 855 550 - chapito.org - de 13:00 a 01:00 h.* A la vez escuela de circo y asociación contra la discriminación, este insólito local con vistas al Tajo tiene un bar de tapas en el patio. Ambiente festivo.

Un local en el barrio de la Baixa.

Chiado y Santa Catarina

Plano del barrio pág. 42

Café

9 **A Brasileira** - **E6** - *R. Garrett 120* - Ⓜ *Baixa-Chiado* - ☎ *213 469 541 - www.abrasileira.pt - de 08:00 a 00:00 h.* La estatua de bronce de Fernando Pessoa domina esta terraza donde el poeta solía participar en tertulias literarias. Un lugar mítico y muy animado.

11 **Café No Chiado** - **E6** - *Largo do Picadeiro, 10-12* - Ⓜ *Baixa-Chiado* - ☎ *213 460 501 - cafenochiado.com - de 10:00 a 02:00 h.* Cerca del Teatro de São Carlos, agradable terraza donde se puede tomar una copa y degustar la excelente tarta de limón de la casa. Restauración tradicional *(de 12:00 a 15:00 h y de 19:00 a 23.30 h, fines de semana de 12:00 a 16:00 h y de 19:00 a 23.30 h)*, prensa y biblioteca disponibles.

Bar

10 **Noobai** - **D6** - *Alto de Santa Catarina* - 🚋 *28E* - ☎ *213 465 014 - www.noobaicafe.com - de 10:00 a 00:00 h.* En el mirador de Santa Catarina (**☾** *pág. 44*). Terrazas de varios niveles suspendidas sobre la ciudad, con vistas al Tajo. Imprescindible el atardecer.

12 **O Purista - Barbière** - **E6** - *R. Nova da Trinidade, 16C* - Ⓜ *Baixa-Chiado* - ☎ *916 442 744 - de 10:30 a 02:00 h, ju. y vi. de 10:30 a 03:00 h, sá. de 09:00 a 00:00 h y do. de 15:00 a 12:00 h - cerrado lu.* Excelente lugar para tomar una copa con música electrónica de fondo, en un piso decorado de forma llamativa... ¡aprovecha para afeitarte!

13 **By the Wine** - **E7** - *R. das Flores, 41-43 - Ⓜ Baixa-Chiado - ☏ 213 420 319 - www.bythewine.pt - de 19:00 a 00:00 h, fines de semana de 13:00 a 00:00 h.* Una enoteca digna de mención tanto por su decoración como por su carta de vinos: bajo el techo forrado con más de 3000 botellas (¡vacías!) se puede degustar la selección de la bodega Sandeman. Tablas de quesos o embutidos como acompañamiento.

Heladería

♥ **15** **Gelados Santini** - **E6** - *R. do Carmo, 88 - Ⓜ Baixa-Chiado - ☏ 213 468 431 - www.santini.pt - de 12:00 a 23:00 h.* Una de las mejores heladerías de Portugal establecida en Chiado. Helados y sorbetes con fruta de temporada, elaborados a la antigua usanza, sin colorantes ni conservantes. También se encuentra en el Centro Comercial Amoreiras (Ⓒ *pág .107*), en Belém (cerca del Museo de los Coches, *pág. 68*), en Cascais y en Carcavelos.

Pastelería

14 **Landeau Chocolate** - **E7** - *R. das Flores, 70 - Ⓜ Baixa-Chiado - ☏ 911 810 801 - www.landeau.pt - ma. y sá. de 12:00 a 19:00 h.* Local conocido por su famosa tarta de chocolate negro. ¡Una delicia! También se puede encontrar en LX Factory (Ⓒ *pág . 55*) y en los grandes almacenes de El Corte Inglés (Ⓒ *pág.109*).

El Barrio Alto

Plano del barrio pág. 42

Bar

26 **Duque Brewpub** - **E6** - *Calçada do Duque, 51 - Ⓜ Restauradores - ☏ 927*

106 092 - www.duquebrewpub.com a partir de las 16:00 h - cerrado lu. y ma. Salas íntimas y mesas en la terraza para descubrir las cervezas artesanales de las microcervecerías lisboetas (incluida la Duque, fabricada aquí).

♥ **27** **Majong** - **E6** - *R. da Atalaia, 3 - 🚋 28E - ☏ 968 510 762 - de 18:00 a 02:00 h, vi. y sá. de 18:00 a 03:00 h.* Cócteles y tapas (incluidos el famoso ceviche y guacamole de la casa) en uno de los bares más antiguos del barrio. Decoración atípica y bien ejecutada, con bellos efectos luminosos, y una magnífica colección de vinilos, en un ambiente sobrio y minimalista.

16 **Pavilhão Chinês** - **DE5** - *R. Dom Pedro V, 89 - Ⓜ Restauradores - ☏ 213 424 729 - de 18:00 a 02:00 h, do. de 21:00 a 02:00 h.* Una antigua tienda de productos alimenticios reconvertida en bar que merece la pena visitar por su increíble decoración, una acumulación de todo tipo de objetos. Un laberinto de salas y una carta de cócteles con decenas de sugerencias. Billar.

17 **The Insólito** - **E6** - *R. de São Pedro de Alcântara, 83 - Ⓜ Restauradores - ☏ 213 461 381 - www.theinsolito.pt - de ma. a sá. de 17:30 a 01:00 h.* En la azotea del hotel The Independent hay una terraza para admirar la ciudad y el río. Excelentes cócteles con y sin alcohol. También restaurante.

18 **The Old Pharmacy** - **E6** - *R. do Diário de Notícias, 83 - ☏ 213 473 034 - de 17:30 a 00:00 h.* En una antigua farmacia, encontrarás una increíble selección de vinos acompañados de tablas de embutidos. Buen servicio y buen ambiente.

Pastelería

19 **Patriarcal-Panificación Reunida de São Roque** - **E5** - *R. Dom Pedro V, 57B - ascensor da Glória - ☎ 213 224 350 - www.panifsroque.pt - de 07:00 a 19:00 h, fines de semana y festivos de 07:00 a 20:00 h.* Azulejos con estilizados motivos florales de los locos años veinte dan un encanto especial a esta panadería-pastelería donde se puede tomar café y comprar pasteles.

El Rato y las Amoreiras

Plano del barrio pág. 52

Heladería

21 **Artisani Gelados** - **C5** - *Av. Álvares Cabral, 65B - Ⓜ Rato - ☎ 213 976 453 - www.artisanigelado.com - de 12:00 a 20:00 h, vi. y sá. de 12:00 a 21:00 h .* Muy cerca del jardim da Estrela, ofrece deliciosos helados artesanales con una amplia selección de sabores: *nata*, canela, gianduia... También se puede encontrar en el Mercado de Campo de Ourique, detrás del Museo Calouste Gulbenkian *(R. Marquês Sá da Bandeira 112)*, en Cascais *(Alameda da Duquesa de Palmela)*...

Estrela, Madragoa y Lapa

Plano del barrio pág. 52

Bar

28 **Matiz Pombalina** - **D7** - *R. das Trinas, 25 - 🚋 25E - ☎ 214 043 703 - matiz-pombalina.pt - de ma. a sá. de 19:00 a 02:00 h.* Un interior acogedor compuesto por tres salones íntimos con sillones de terciopelo burdeos o turquesa. Música jazz suave, licores y cócteles de calidad.

Salón de té

22 **Tease** - **D6** - *R. Quintinha, 70B - Ⓜ Rato - ☎ 925 973 699 - www.tease.pt - de 09:00 a 19:00 h y do. de 09:00 a 20:00 h.* Acogedor salón de té con decoración vintage, alejado de la zona turística. Aunque es famoso por sus magdalenas, déjate tentar por otros postres, sus platos caseros para el almuerzo y sus cócteles.

A lo largo del Tajo

Planos del barrio págs. 42 y 52

Bar

31 **Água de Beber** - **D6** - *R. Poiais de São Bento, 73 - Ⓜ Cais do Sodré - ☎ 911 581 413 - todos los días excepto el mi. de 18:00 a 02:00 h.* Su nombre evoca la Bossa nova de alta gama: este minúsculo bar dedicado al mundo del mar ofrece todo tipo de cervezas. Agradable, acogedor y barato. Actúan buenos músicos.

❤ **25** **Pensão Amor** - **E7** - *R. do Alecrim, 19 - Ⓜ Cais do Sodré - ☎ 213 143 399 - www.facebook.com/ pensaoamor.* En el ambiente barroco de una antigua casa cerrada, se beben cócteles de la casa sentados en sillones de terciopelo. Estampas, tapices y una iluminación tenue recuerdan la historia del lugar. Caro, ¡pero no hay que perdérselo! A la espera de su reapertura tras importantes reformas, el local cuenta con un nuevo espacio en el MEL, situado a poca distancia *(Museo Erótico de Lisboa - R. de São Paulo, 18 - de ma. a ju. de 18:30 a 02:00 h, vi. y sá. de 19:30 a 04:00 h).*

Heladería

32 **Gelato Davvero** - **D7** - *Av. Dom Carlos I, 39 - 🚋 Santos - ☎ 216 053*

054- de 12:00 a 20:00 h, de ju. a sá. de 12:00 a 00:00 h y do.de 13:00 a 20:00 h. Heladería romana que ofrece una veintena de sabores, algunos sofisticados, otros de temporada. Sus copas de helado con alcohol son tan populares que se multiplican los puntos de venta en la capital!

Mapa extraíble

Bar

5 **Quimera Brewpub** - **B7** - *R. Prio do Crato, 6* - 🚋 *15E, 18E* - ☎ *917 070 021* - *www.quimerabrew pub.com* - *de mi. a ju. de 17:00 a 00:00 h, vi. y sá. de 17:00 a 01:00 h y do. de 17:00 a 23:00 h.* En la zona de Alcântara, este pub-cervecería se encuentra en el interior de un túnel que, en el siglo XVIII, conducía a las caballerizas del Palácio das Necessidades, el palacio real de la época... Cerveza de la casa (la Quimera), vino por copas, cócteles.

24 **Bar-restaurante del Museo de Oriente** - **B8** - *Av. de Brasília - Doca de Alcântara* - 🚋 *15E* - ☎ *213 585 228* - *www.foriente.pt* - ♿ - *de ma. a do. de 10:00 a 18:00 h; restaurante de 12:30 a 15:00 h.* La última planta del museo es un lugar ideal para relajarse o comer. Desde la terraza, vista de los muelles.

Café

23 **Borogodó** - **A7** - *R. Rodrigues Faria, 103 - LX Fábrica* - 🚋 *15E, 18E* - ☎ *213 621 426* - *horario variable, consultar info.* Ideal para una parada en la entrada de la LX Factory, en la terraza bajo el puente 25 de Abril o en el acogedor salón. Zumos, batidos y postres caseros.

Belém

Plano del barrio **pág. 64**

Pastelería

❤️ **40** **Antiga Confeitaria de belém** - *R. de Belém, 84-92* - 🚋 *15E* - ☎ *213 637 423* - *www.pasteisdebelem.pt* - *de 08:00 a 20:00 h.* La producción más famosa de postres de Belém: aquí, los *pasteles de nata* salen calientes de los antiguos hornos. Para llevar o degustar in situ, una sala decorada con azulejos. Un ritual de domingo. Largas colas de espera.

Avenida da Liberdade y Saldanha

Plano del barrio **pág. 52**

Pastelería

29 **Cinemateca Portuguesa** - **D5**- *R. Barata Salgueiro, 39* - Ⓜ *Avenida* - ☎ *960 396 370* - *www.cinemateca.pt* - ♿ - *de lu. a ju. de 12:00 a 01:00 h, vi.y sá. de 12:00 a 02:00 h.* Además de un pequeño museo, una programación variada y una librería, la Cinemateca Portuguesa ofrece algunos platos rápidos para degustar en una bonita terraza en el piso de arriba. Aperitivos de 17:00 a 19:00 h.

Mapa extraíble

Pastelería

30 **Versailles** - **E2** - *Av. de República, 15A* - Ⓜ *Saldanha* - ☎ *213 546 340* - *www.grupoversailles.pt* - *de 07:30 a 23:30 h.* Magnífica decoración estilo época bella para este café-pastelería de los años 20. Detrás del largo mostrador de cristal encontrarás dulces tentaciones.

Compras

Lisboa cuenta con excelentes tiendas donde se puede apreciar la riqueza de la artesanía portuguesa (cerámica, terracota, encajes, tejidos, alfombras y trabajos en corcho), pero también boutiques de estilistas y diseñadores renombrados. Lugares reales llenos de historia, algunas tiendas parecen pertenecer a otra época. Los amantes de los talleres antiguos encontrarán su lista completa en: *www.lojascomhistoria.pt*.

☛ **Encontrarás las direcciones en el mapa extraíble y en los planos de la ciudad y de los barrios gracias a los puntos numerados (p. ej. ❶). Las coordenadas en rojo (p.ej. C2) se refieren al mapa extraíble (interior de la portada).**

La Baixa

Plano del barrio pág. 18

Gastronomía

❶ **Manuel Tavares** - **E6** - *R. de Betesga, 1A-B* - Ⓜ *Rossio* - ☎ *213 424 209* - *www.manueltavares.com* - *todos los días excepto do. de 09:30 a 19:30 h.* Cerca de la Plaza Dom Pedro IV, tienda especializada en productos regionales desde 1960: *enchido*, *salpição*, *morcelas da Guarda* y otros embutidos. Gran selección de vinos de Oporto.

❸ **Garrafeira Nacional** - **E6** - *R. da Santa Justa, 18* - Ⓜ *Baixa-Chiado* - ☎ *218 879 080* - *www.garrafeira nacional. com* - *de lu.a vi. de 09:30 a 19:30 h, sá. de 09:00 a 13:00 h.* Selección única de vinos viejos portugueses y de Oporto.

Moda

❹ **A Outra Face da Lua** - **E6** - *R. da Assunção, 22* - Ⓜ *Baixa- Chiado* - ☎ *218 863 430* - *www.aoutraface dalua. com* - *de lu.a vi. de 10:00 a 18:00 h, sá. de 11:00 a 19:00 h.* Ropa antigua, accesorios y bolsos de segunda mano en tonos pop y «picantes».

Música

❼ **Discoteca Amália** - **E6** - *R. Áurea, 272* - Ⓜ *Baixa-Chiado o Rossio* - ☎ *213 420 939* - *de lu. a vi. de 09:30 a 13:00 h y de 15:00 a 07:00 h, sá. de 09:30 a 13:00 h.* Es difícil no fijarse en esta

A Vida Portuguesa.

tienda de música, con las melodías de fado alcanzando la acera y el retrato de Amália Rodrigues alzándose en el escaparate. Encontrarás sus obras completas en CD y DVD así como las de otros artistas famosos.

Alfama y Mouraria

Plano del barrio págs. 24-25. Para Mouraria, consulta el plano del barrio. pág. 35

Gastronomía

2 **Conserveira de Lisboa** - **F6** - *R. dos Bacalhoeiros, 34 - M Terreiro do Paço - ☎ 218 864 009 - www.conserveiradelisboa.pt - todos los días excepto los do. de 09:00 a 19:00 h.* Una tienda centenaria (con mostrador de madera), donde envasan cajas de conservas de pescado aliñado con aceite de oliva, tomate o limón. El envase retro es irresistible.

Artesanía

9 **A Vida Portuguesa** - **F5** - *Largo do Intendente Pina Manique, 23 - M Intendente - ☎ 211 974 512 - www.avidaportuguesa.com - 10:30-19:30 h.* En una antigua fábrica de azulejos, este enorme local de 500 m² cuenta con una gran variedad de objetos hechos en Portugal que se «suben» a la ola de la nostalgia: cosméticos, adornos, textiles, productos alimenticios, etc. Tienda histórica en Chiado *(R. Anchieta, 11)* y sucursal en el Mercado de Ribeira *(☞ pág. 95).*

♥ **5** **Chi Coração** - **F6** - *R. Augusto Rosa, 22-24 - Tram 28E - ☎ 218 861 661 - www.chicoracao.pt - 10:00-20:00 h.* Una tienda muy agradable especializada en lanas de fabricación portuguesa. Te encantarán las telas gruesas en colores delicados. También ofrece prendas de vestir (jerséis, gorras). Otras tiendas en los números 46 y 4 de la calle, en el número 14 del Largo do Chiado y cerca del Museo del Fado.

Graça y Santa Apolónia

Mapa del barrio pág. 35

Mercado

10 **Feira da Ladra** - **G5** - *Campo Santa Clara - M Santa Apolónia - ma. y sá. desde la mañana hasta última hora de la tarde (entre las 13:00 y las 18:00 h, según la estación y el tiempo).* El gran mercadillo de Lisboa: ropa, platería, muebles, cerámica, etc. Los entusiastas de las rarezas acuden desde las 6 de la mañana *(☞ pág. 34).*

Artesanía

8 **A Arte da Terra** - **F6** - *R. da Senhora do Monte, 5C - Tram 12E, 28E - ☎ 212 745 975 - www.aartedaterra.pt - de ma. a sá. de 11:00 a 14:00 h y de 15:00 a 18:00 h.* Lo mejor de la artesanía local de todas las regiones portuguesas: tejidos, figuritas de terracota, corcho, cerámica, joyas de autor, etc. Una buena opción para comprar souvenirs de calidad. Cerca del mirador de la Senhora del Monte.

36 **Armazém das Caldas** - **G5** - *Campo de Santa Clara, 112 - M Santa Apolónia - de ma. a sá. de 09:00 a 18:00 h (horario variable, pedir información).* Cerámica artesanal de la región de Caldas de Rainha, prevalece la inspiración naturalista que ha decretado su éxito durante más de un siglo. Encontrarás cerámica de gres en un estilo más moderno en la tienda de al lado.

Chiado y Santa Catarina

Plano del barrio pág. 42

Gastronomía

11 Vegan Nata/A Carioca - E6 - *R. da Misericórdia, 9 -* Ⓜ *Baixa-Chiado - ☏ 213 420 377 - de 09:00 a 19:00 h.* En esta tienda del 1936 donde todo es libre de plásticos (los vasos son de galleta) encontrarás té y café de las antiguas colonias, chocolate portugués y los *pastéis de nata* veganos.

Artesanía

12 Fábrica Sant'Anna - E6 - *R. do Alecrim, 95 -* Ⓜ *Baixa-Chiado o Cais do Sodré - ☏ 213 422 537 - www.santanna.com.pt - de lu.a sá. de 09:30 a 19:00 h.* Esta fábrica de azulejos fundada en 1741 ofrece una amplia selección de azulejos para todos los bolsillos. Visita los talleres para observar las etapas de fabricación que se remontan al siglo XVIII *(Calçada da Boa-Hora, 96 - ☏ 213 638 292 - de lu. a vi. de 09:30 a 12:30 h y de 13:30 a 18:00 h - reserva en la tienda).*

13 Vista Alegre - E6 - *Largo do Chiado, 20-23 -* Ⓜ *Baixa-Chiado - ☏ 213 461 401 - vistaalegre.com - de 10:00 a 20:00 h.* Tienda de la fábrica de porcelana Vista Alegre, fabrica porcelana desde 1824 y es la cumbre del saber hacer portugués en el sector. Otras tiendas en los centros comerciales Amoreiras y Parque de las Nações.

14 Caza das Vellas Loreto - E6 - *R. do Loreto, 53-55 -* Ⓜ *Baixa-Chiado - ☏ 213 425 387 - www.cazavellasloreto.com.pt - de lu. a vi.* de *10:00 a 19:00 h, sá. y festivos de 10:00 a 13:00 h.* La madera oscura y el olor a cera caracterizan a una de las tiendas más antiguas de Chiado que suministra velas a iglesias y particulares desde 1789.

15 Cerâmicas na Linha - E6 - *R. Capelo, 16 -* Ⓜ *Baixa-Chiado - ☏ 215 984 813 - de lu. a sá. de 10:00 a 20:00 h.* La cerámica portuguesa se vende al peso a pocos euros el kilo. Desde platos hasta hueveras, desde la tradicional hoja de col hasta las líneas más modernas, ¡hay para todos los gustos!

16 Burel Factory - E6 - *R. Serpa Pinto, 15B -* Ⓜ *Baixa-Chiado - ☏ 914 739 164 - www.burelfactory.com - de 10:00 a 18:00 h y do. de 11:00 a 19:00 h.* Ropa, alfombras, mantas y bolsos hechos a mano con la gruesa y cálida lana producida en la Sierra de Estrela. Creaciones de jóvenes diseñadores portugueses.

34 A Vida Portuguesa - E6 - *R. Anchieta, 11 -* Ⓜ *Baixa-Chiado - ☏ 213 465 073 - www.avida portuguesa.com - de 10:00 a 19:30 h y do. de 11:00 a 19:30 h.* La primera tienda abierta por esta marca de artesanía y productos hechos en Portugal. Ocupa una antigua fábrica de perfumes del siglo XIX cuya estructura y decoración se han conservado. Excelentes ideas para regalos en un lugar encantador.

Libros

17 Livraria Ferin - E6 - *R. Nova do Almada, 72 -* Ⓜ *Baixa-Chiado - ☏ 213 424 422 - ferin.pt - de lu. a sá. de 10:00 a 19:00 h.* Un lugar inigualable para encontrar una obra sobre el arte portugués o simplemente un buen libro.

Moda y textiles

19 Lua de Champagne - E6 - *Calçada do Sacramento, 17 -* Ⓜ *Baixa-Chiado - ☏ 965 360 035 - todos los días*

excepto do. de 12:00 a 20:00 h.
Una tienda predominantemente femenina donde encontrarás bisutería, accesorios, ropa y algunos artículos de decoración de estilo romántico, colorido y, en ocasiones, clásico.

20 **Paris em Lisboa** - **E6** - *R. Garrett 77 - Ⓜ Baixa-Chiado - ☏ 213 468 885 - www.parisemlisboa.pt - todos los días excepto do. de 10:00 a 19:00 h.* Una auténtica institución fundada en 1888 y especializada en ropa de casa. Merece la pena visitarla por su interior de madera y la calidad de sus productos.

21 **Luvaria Ulisses** - **E6** - *R. do Carmo, 87 - Ⓜ Baixa-Chiado - ☏ 213 420 295 - www.luvariaulisses.com - todos los días excepto do. de 10:00 a 19:00 h.* Pequeña boutique de boiseries lacadas donde encontrarás guantes de cuero fabricados en Portugal. ¡Elegante y atemporal!

El Barrio Alto

Planos del barrio págs. 42 y 52

Moda y diseño

22 **A Fábrica dos Chapéus** - **E6** - *R. de Rosa, 118 - Ⓜ Baixa-Chiado - ☏ 917 178 919 - www.afabricadoschapeus.com - todos los días excepto do. de 11:00 a 20:00 h.* Una sombrerería con todo tipo de peinados vintage pero actuales.

Artesanía

24 **Solar** - **E5** - *R. Dom Pedro V, 70 - Ⓜ Restauradores - ☏ 213 465 522 - www.solar.com.pt - de lu. a vi. de 10:00 a 19:00 h, sá. de 10:00 a 13:00 h - cerrado sá. de junio a agosto.* Un auténtico pequeño museo del azulejo, con piezas desde el siglo xvi hasta hoy, a todos los precios según la época.

Mapa extraíble

Moda y diseño

❤️ **25** **Embaixada** - **D5** - *Plaza do Príncipe Real, 26 - Ⓜ Restauradores - ☏ 965 309 154 - www.embaixadalx.pt - de 12:00 a 20:00 h, do. de 11:00 a 19:00 h.* ¡Un recorrido de compras en un entorno único! Este magnífico palacio árabe del siglo xix se ha transformado en una elegante galería comercial. Alrededor del patio hay un restaurante y hileras de tiendas que ofrecen ropa, zapatos, joyas, artículos de decoración de marcas y diseñadores portugueses.

27 **Amélie au Théâtre** - **D5** - *R. de Escola Politécnica, 69 - Ⓜ Restauradores - ☏ 215 982 900 - de 10:30 a 19:00 h, do. de 12:00 a 19:00 h.* Preciosa selección de piezas de distintos diseñadores para un look romántico o extravagante.

El Rato y las Amoreiras

Plano del barrio pág. 52

Centro comercial

28 **Amoreiras Centro Comercial** - **C4** - *Av. Engenheiro Duarte Pacheco - Ⓜ Rato - www.amoreiras.com - de 10:00 a 23:00 h.* Este centro comercial reúne 400 tiendas, un supermercado, una galería de antigüedades, restaurantes, siete salas de cine y una capilla. Desde la terraza panorámica, vista de 360° *(de abril a setiembre de 10:00 a 12:30 h y de 14:30 a 22:00 h, fines de semana de 10:00 a 22:00 h; de octubre a marzo de 10:00 a 12:30 h y de 14:30 a 18:00 h, fines de semana de 10:00 a 18:00 h - 5 €, 6-16 años 3 €).*

Diseño

26 **39AConcept Store** - **D5** - *R. Alexandre Herculano, 39A*

- Ⓜ *Rato* - 📞 *216 058 302 -
www.39a.pt - de lu. a vi. de 11:00 a 13:00
h y de 14:30 a 19:00 h, sá. de 11:00 a
14:00 h.* Ropa colorida y original,
firmada por algunos de los nombres
más importantes entre los jóvenes
diseñadores portugueses (Kaoâ,
Manjerica), con prendas deportivas y de
ocio (shorts, bañadores, etc.).
Accesorios, pequeños adornos y surf de
remo, también de diseñadores.

Libros

6 Livraria da Travessa - **D5** -
R. da Escola Politécnica, 46 - Ⓜ *Rato -
📞 213 460 553 - de 10:00 a 21:00 h, sá.
de 10:00 a 19:00 h, do. de 11:00 a 19:00 h.*
Una selección considerable de libros en
francés, desde novelas a valiosos libros
sobre Lisboa y otros lugares.

Varios

❤️ **31 Dona Ajuda** - **D5** - *R. Alexandre
Herculano, 64* - Ⓜ *Rato* - 📞 *936 653 278
- www.donaajuda.pt - de lu. a vi. de 11:00
a 18:00 h, sá. de 11:00 a 19:00 h.* El antiguo
mercado en desuso del barrio de Rato se
ha reconvertido en una tienda social y
solidaria llena de ideas y dinamismo y
con un diseño interior de éxito. Allí se
puede encontrar de todo, desde ropa
hasta vinilos. Enfrente hay un centro de
recuperación de objetos antiguos y
varios proyectos de economía circular.
Conciertos y actividades culturales.

Estrela, Madragoa y Lapa

Plano del barrio pág. 52

Gastronomía

37 Companhia Portugueza do Chá - **D6**
- *R. do Poço dos Negros, 105* - 🚋 *25E
- 📞 213 951 614*

*- companhiaportuguezadocha.com
- de lu. a sá. de 10:00 a 19:00 h.* Una
tienda enteramente dedicada al té, con
el que Portugal mantiene un vínculo
especial desde la época de los Grandes
Descubrimientos y su presencia en
Macao. Encontrarás los mejores tés de
China y otras partes del mundo, así
como una especialidad: el Earl Grey
Portugal, con bergamota.

A lo largo del Tajo

Planos del barrio págs. 42 y 52

Gastronomía

29 Loja das Conservas - **E7** - *R. do
Arsenal, 130* - Ⓜ *Cais do Sodré* - 📞 *911
181 210 - de 10:00 a 20:00 h, vi.-sá. de
10:00 a 21:00 h, do. de 12:00 a 20:00 h.*
Tienda creada por iniciativa de la
asociación nacional de industriales del
sector de la conservación del pescado.
En las paredes blancas se alinean cajas
de sardinas, caballa y atún procedentes
de las distintas fábricas portuguesas,
todo ello presentado con textos
ilustrados. La idea original ha sido
emulada en todos los distritos turísticos.

Diseño

18 Verso Branco - **D7** - *R. da Boavista,
132-134* - 🚋 *25E* - 📞 *211 342 634 -
www.versobranco.pt - de ma. a sá.
de 11:30 a 20:00 h.* Corcho, cerámica,
madera y hierro: los materiales
naturales se utilizan en creativos
muebles contemporáneos de
diseñadores portugueses.

Mapa extraíble

Diseño

32 Pura Cal - **A8** - *R. Rodrigues de Faria,
103 - LX Factory* - 🚋 *15E, 18E* - 📞 *962 921*

Charlotte Valade/Companhia Portugueza do Chá

Companhia Portugueza do Chá.

413 - *www.puracal.pt* - *de 11:00 a 19:00 h.* Tienda que mezcla, con armoniosa confusión, piezas vintage y creaciones de diseñadores portugueses (cojines, cerámica, muebles, etc.).

Libros

❤️ 33 **Ler Devagar** - **A8** - *R. Rodrigues de Faria, 103 - LX Factory -* 🚋 *15E, 18E - 🕿 213 259 992 - lerdevagar.com - de 10:00 a 22:00 h, de ju. a sá. de 10:00 a 00:00 h, do. de 10:00 a 21:00 h.* En los locales de una antigua imprenta, esta sorprendente librería invita a hojear libros mientras se toma una copa, rodeado de antiguas imprentas. Buena selección de música en vinilo. Exposiciones, encuentros y debates animan las veladas. No te pierdas, en la planta superior, las poéticas creaciones del inventor Pietro Proserpio, conocido como «Geppetto». La librería pone a disposición sus locales regularmente para conciertos.

Avenida da Liberdade y Saldanha

Mapa extraíble

Grandes almacenes

35 **El Corte Inglés** - **D3** - *Av. António Augusto de Aguiar, 31 -* Ⓜ *São Sebastião - 🕿 213 711 700 - www.elcorteingles.pt - de 10:00 a 22:00 h, vi.-sá. de 10:00 a 23:30 h, do. de 10:00 a 20:00 h.* Grandes almacenes donde se puede encontrar de todo: ropa, decoración, gastronomía, prensa extranjera, etc.

Salir por la noche

La noche lisboeta es particularmente animada a lo largo del Tajo, hacia **Cais do Sodré** y sus alrededores (ascensor de Bica, Plaza de Saõ Paulo y rua Nova de Carvalho) o cerca de los **muelles de Alcântara**, así como también en el **Bairro Alto** y en el lado de la **Plaza del Príncipe Real**. **Alfama** es el reino del fado. La vida nocturna alcanza su punto álgido a partir del jueves por la noche.

😊 No vayas a la discoteca antes de las 2 o correrás el riesgo de quedarte solo. Los lisboetas van allí después de que cierren los bares.

ABEP - *Praça dos Restauradores* - 📞 *213 240 130 - de 09:00 a 20:00 h*. Quiosco de venta de entradas (teatro, deportes, conciertos, etc.).

Publicaciones - L'*Agenda Cultural LX* es una publicación mensual gratuita con un calendario de todos los eventos culturales *(www.agendalx.pt)*. Otra revista mensual gratuita, *Follow me Lisboa* (bilingüe español/inglés, descargable en: www.visitlisboa.com) es una valiosa fuente de información sobre dónde ir y qué ver. La versión impresa está disponible en los principales hoteles y oficinas de turismo (👉 *pág. 122*). Por último, es posible comprar el semanario *Time Out Lisboa* (en portugués) o las ediciones especiales en inglés *(www.timeout.pt/lisboa/pt)*.

👉 *Para el fado, ver también pág. 150.*

👉 Encontrarás las direcciones en el mapa extraíble y en los planos de la ciudad y de los barrios mediante puntos numerados (p. ej. ①). Las **coordenadas en rojo** (p. ej. **E6**) se refieren al mapa extraíble (en el interior de la portada).

La Baixa y el Rossio

Plano del barrio pág. 18

① **Coliseu dos Recreios** - **E5** - *R. das Portas de Santo Antão, 96* - Ⓜ *Restauradores* - 📞 *213 240 585 - www.coliseulisboa.com - taquilla: de lu. a sá. de 13:00 a 19:30 h*. Inaugurada en 1890, esta enorme sala acoge conciertos y espectáculos de todo tipo.

Alfama y Mouraria

Plano del barrio pág. 24-25

② **A Baiuca** - **F6** - *R. de São Miguel, 20* - 🚋 *12E, 28E* - 📞 *218 867 284 - todos los días excepto ma.-mi. de 19:30 a 23:30 h*.

Pequeño restaurante acogedor donde se puede escuchar fado *vadio* (vagabundo). Es necesario reservar por teléfono.

Graça y Santa Apolónia

Plano del barrio pág. 35

④ **Lux Frágil** - **G6** - *Av. Infante D. Henrique - Cais da Pedra - Armazém A* - Ⓜ *Santa Apolónia* - 📞 *218 820 890 - www.luxfragil.com - de ju. a sá. de 23:00 a 06:00 h*. A algunos les encanta, otros lo odian. Este antiguo almacén es uno de los lugares más de moda de Lisboa pero a veces tiene precios excesivos. Bar y discoteca en la planta

baja y en el primer piso. Azotea con vistas.

3 **Tasca do Jaime** - **F5** - *R. da Graça, 91* - 🚋 *28E* - 📞 *218 881 560 - de ma. a do. de 09:00 a 20:00 h.* Pequeño bar de ambiente familiar donde se puede escuchar auténtico fado mientras se toma una cerveza o unos *petiscos* a precios razonables.

Chiado y Santa Catarina

Plano del barrio pág. 42

6 **Teatro Nacional de São Carlos** - **E6** - *Largo de São Carlos* - Ⓜ *Baixa-Chiado* - 📞 *213 253 045/46 - www. tnsc.pt.* En una sala rococó, se presentan obras y conciertos de música clásica (🎧 *pág. 40*).

El Barrio Alto

Plano del barrio pág. 42

8 **Galeria Zé dos Bois (ZDB)** - **E6** - *R. da Barroca, 59* - Ⓜ *Baixa-Chiado* - 📞 *213 430 205 - zedosbois.org - de lu. a vi. de 18:00 a 22:00 h - conciertos a partir de las 22:00 h (programa en la web).* Espacio experimental donde se mezclan el arte contemporáneo (vídeos, performances, exposiciones) y los conciertos (pop-rock, hip-hop y *músicas del mundo*). Bar en la azotea.

9 **Tasca do Chico** - **E6** - *R. do Diário de Notícias, 39* - Ⓜ *Baixa-Chiado* - 📞 *961 339 696 - de 19:00 a 02:00 h, vi.-sá. de 19:00 a 03:00 h.* Bar de barrio, guarida del fado *vadio* auténtico, interpretado por aficionados y profesionales. También se encuentra en la Alfama (*r. dos Remédios, 83*, **G6**), no lejos del Museu del Fado.

❤️ **11** **Grapes & Bites Winehouse** - **E6** - *R. do Norte, 85* - Ⓜ *Baixa-Chiado* -

📞 *924 457 494 - www.grapesandbites. eatbu.com - todos los días excepto ma. de 16:00 a 00:00 h.* Enoteca con un ambiente agradable donde podrás degustar vinos portugueses mientras comes embutidos, quesos o tapas. Todo ello mientras escuchas música en directo (rock, folk, blues...).

Plano del barrio pág. 52

21 **Park** - **D6** - *Calçada do Combro, 58* - Ⓜ *Baixa-Chiado* - 📞 *215 914 011 - de lu. a ju. de 16:00 a 02:00 h, vi.-sá. de 14:00 a 02:00 h.* Tómate una copa en la azotea de un aparcamiento (6ª planta, ascensor) con música jazz, soul o funk de fondo. Todo ello con el Tajo y el Puente 25 de Abril de fondo.

Estrela, Madragoa y Lapa

Plano del barrio pág. 52

12 **Senhor Vinho** - **C6** - *R. do Meio a Lapa, 18* - Ⓜ *Picoas* - 📞 *213 972 681 - www.srvinho.com - de ma. a sá. de 20:00 a 02:00 h - reserva obligatoria.* Restaurante conocido por sus espectáculos de fado.

7 **Incógnito** - **D6** - *R. Poiais de São Bento, 37* - 🚋 *28E* - 📞 *213 908 755 - de mi. a sá. de 23:00 a 04:00 h.* Pequeño bar con música, ambiente agradable y de moda para los amantes de la música independiente y alternativa.

A lo largo del Tajo

Planos del barrio págs. 42 y 52

Bars des Docas - **B8** - *Muelles de Alcántara y Santo Amargo* - 🚋 *15E.* En estos dos muelles renovados hay numerosos bares de moda.

15 **O Bom O Mau e O Vilão** - **E7** - *R. do Alecrim, 21* - Ⓜ *Cais do Sodré* -

📞 915 573 828 - www.obomomaueo
vilao.pt - todos los días excepto ma. de
19:00 a 02:00 h y vi. de 19:00 a 03:00 h.
Esta coctelería organizada como un
piso, con su sucesión de habitaciones y
muebles vintage, cobra vida por las
noches al son de DJ sets y conciertos en
directo.

Plano del centro urbano **págs. 14-15**
⑰ **Fábrica Braço de Prata** - **DN** **en el**
plano del centro urbano - R. da
Fábrica do Material de Guerra, 1
- 🚋 Braço de Prata - 📞 925 737 045
- www.bracodeprata.com -
a partir de las 08:00 h. En los antiguos
muelles, entre Santa Apolónia y el
Parque de las Nações, un lugar
«multicultural» con librerías,
conciertos, bares, restaurantes,
espectáculos, conferencias y
exposiciones.

Belém

Plano del barrio **pág. 64**
⑱ **Centro Cultural de Belém** - Praça
do Império - 🚋 15E - 📞 213 612 400
- www.ccb.pt. Acoge los mejores
espectáculos y conciertos del país
(📞 pág. 65).
㉒ **Picadeiro Henrique Calado**
- Calçada da Ajuda, junto al nº 23 - 🚋 15E
- 📞 219 237 300 - www.arteequestre.pt
- de ma. a sá. de 11:00 a 13:00 h (8 €) y
algunos vi. hasta 21:30 h (25/37,50 €)
- fechas de espectáculos en la web. En
los establos situados sobre el Picadeiro

Real, la prestigiosa Escuela Portuguesa
de Arte Ecuestre ofrece ejercicios
matinales. Por las tardes, espectáculos
de doma de caballos lusitanos con
jinetes de alto nivel.

Avenida da Liberdade y Saldanha

Mapa extraíble
⑤ **Gran Auditório Gulbenkian** - **D2**
- Av. de Berna, 45 A - junto al museo
- Ⓜ Praça de Espanha - 📞 217 823 700
- www.gulbenkian.pt/musica.
Impresionante programación de
música clásica.
⑲ **Hot Clube** - **E5** - Praça de la Alegria,
48 - Ⓜ Avenida - 📞 213 460 305
- www.hcp.pt - ma.-sá. a partir de las
22:00 h. El local de jazz más antiguo de
Lisboa. Aquí actúan grupos, a menudo
de fama internacional (programación
in situ).

Campo Pequeno e Campo Grande

Mapa extraíble
⑳ **Culturgest - Caixa Geral de
Depósitos** - **E1** - R. do Arco do Cego, 50
- Ⓜ Campo Pequeno - 📞 217 905 454
- www.culturgest.pt - taquilla: de ma. a
do. de 11:00 a 18:00 h. La sede de la caja
de depósitos acoge un espacio cultural
con programación musical de calidad y
exposiciones de artistas contemporáneos
(de ma. a do. de 11:00 a 18:00 h).

Dónde dormir

Lisboa ofrece una amplia gama de alojamientos, desde el albergue juvenil de aspecto sofisticado hasta el hotel de lujo y la pensión *(pensão o alojamento local)*. Los hoteles van de 2 a 5 estrellas y el precio suele incluir el desayuno. A diferencia de las pensiones, la mayoría ofrece servicio de restaurante. Los hoteles de una estrella suelen estar ubicados en edificios antiguos. Numerosos y a precios razonables, son sencillos pero están bien mantenidos. Por precaución, pide ver la habitación antes de decidir. En cuanto a los residenciais, más confortables pero muchas veces sin restaurante, priorizan la funcionalidad sobre el encanto. Todas las direcciones ofrecen wifi a sus clientes.

Los precios indicados en la guía corresponden a una habitación doble para dos personas en temporada alta. Los mayores de 13 años deben pagar en efectivo, al hotelero, una tasa turística de 2 €/día (máximo 7 días).

😊 Direcciones para todos los gustos y precios en: *www.visitalisboa.com.*

Barrios

Con estaciones de metro y numerosas paradas de tranvía, los barrios centrales de **Baixa** y **Chiado** son los más cómodos, pero también los más ruidosos. Muchos preferirán la autenticidad de las callejuelas de **Bairro Alto** y **Alfama**, la tranquilidad de las colinas residenciales de **Graça** y **Lapa**, desde donde se llega fácilmente al centro a pie o en tranvía; o incluso algunos elegantes hoteles de la **avenida de Liberdade**, bien comunicada por transporte público.

Alquilar apartamentos

Buena fórmula para un fin de semana si estás en grupo: *www.abritel.fr; www.vrbo.com; www.spotahome.com; traveltolisbon.com.*

🕵 **Encontrarás las direcciones en el mapa extraíble y en los planos de ciudades y distritos mediante puntos numerados (p. ej. ①). Las coordenadas en rojo (p. ej. F6) se refieren al mapa extraíble (en el interior de la portada).**

La Baixa y el Rossio

Plano del barrio pág. 18

Menos de 100€

⑬ **Pensão Praça da Figueira** - **E6**
- *Travessa Nova de São Domingos, 9*
- Ⓜ *Rossio* - ☎ *213 424 323* -
www.pensaopracadafigueira.com -

31 habitaciones 77/105 € ☕. Bonita pensión, céntrica y renovada, en las plantas 2ª y 3ª (sin ascensor) de un bonito edificio antiguo. Habitaciones con casa de banho completa (ducha+lavabo+WC) o no (WC en el rellano), privadas o compartidas (3 baños para 5 habitaciones). Dos

J. Pigozne/imageBROKER/age fotostock

VIP Eden, Praça dos Restauradores.

suites *(4-5 personas)*. Desayuno abundante y variado. Excelente relación calidad-precio.

20 **Rossio Hostel** - **E6** - *Calçada do Carmo, 6 (2º piso)* - Ⓜ *Rossio* - ☏ *213 426 004 - www.rossiohostel.com* - 🗔 - *7 habitaciones 77/147 €* 🛏. Uno de los albergues juveniles de moda que han florecido en el barrio de Rossio cuyos rasgos comunes son una decoración bien diseñada y un ambiente acogedor. Habitaciones dobles aireadas y confortables (baños compartidos), algunas con vistas al castillo, y dormitorios de 4 a 6 personas *(29/51 €/persona)*.

De 120 a 150€

12 **VIP Eden** - **E5** - *Praça dos Restauradores, 24* - Ⓜ *Restauradores* - ☏ *213 216 600 - www.viphotels.com* - 🗔 🛆 - *134 habitaciones 121/148 €* 🛏. Antiguo cine reconvertido con éxito en «apartahotel»: estudios equipados *(1-2 personas)* y pisos para hasta 4 personas, por semana o por noche. Terraza panorámica con pequeña piscina.

Más de 150€

1 **My Story Hotel Tejo** - **F6** - *R. dos Condes de Monsanto, 2* - Ⓜ *Rossio* - ☏ *218 866 182 - www.mystoryhotels.com* - 🗔 - *51 habitaciones 152/185 €* 🛏. Cerca de la Plaza de Figueira, este hotel ha sido renovado por diseñadores portugueses. Habitaciones confortables y bien amuebladas, un poco ruidosas las que dan a la calle.

Alfama y Mouraria

Plano del barrio págs. 24-25

Alrededor de 200€

15 **Solar dos Mouros** - **F6** - *R. do Milagre de Santo António, 6* - 🚌 *737* - 🅿 *218 854 940* - *www.solardosmouroslisboa. com* - 🖥 - *13 habitaciones 179/259 € - mínimo 2 noches en temporada alta.* Esta hermosa casa encaramada a la antigua muralla árabe pertenece al pintor portugués Luís Lemos. Amplias habitaciones con vistas y dos suites, una de ellas con terraza, ambas amuebladas con obras del propietario o de su colección: cuadros, máscaras africanas, libros raros.....

Graça y Santa Apolónia

Plano del barrio pág. 35

Alrededor de 100€

6 **Albergaria Senhora do Monte** - **F5** - *Calçada do Monte, 39* - 🚋 *28E* - 🅿 *218 866 002* - 🖥 - *28 habitaciones 109/125 € -* 🍵 *15 €.* En la colina más alta de Lisboa, bajo el mirador dos Montes, un hotel moderno con unas vistas preciosas. Las habitaciones más caras tienen terraza.

Chiado y Santa Catarina

Plano del barrio pág. 42

Alrededor de 200€

❤️ **18** **Monte Belvedere** - **D6** - *R. Santa Catarina, 17* - 🚋 *28E* - 🅿 *914 176 969 - www.shiadu.com/monte-belvedere* - 🖥 - *21 habitaciones 172/267 €* 🍵. En una de las encantadoras casas de Chiado, este hotel boutique está situado en el pintoresco barrio de

Catarina. Algunas habitaciones ofrecen vistas al Tajo, al igual que la terraza, donde se sirve el desayuno o la cena. Excelente hospitalidad.

2 **Hotel do Chiado** - **E6** - *R. Nova do Almada, 114* - Ⓜ *Baixa-Chiado* - 🅿 *213 256 118* - *www.hoteldochiado.pt* - 🖥 - *40 habitaciones 219/319 €* 🍵. Situado en las plantas superiores del histórico «Armazens do Chiado», un hotel muy confortable con una decoración minimalista. Las habitaciones premium tienen una terraza con una hermosa vista de la ciudad y del Tajo.

El Barrio Alto

Planos del barrio págs. 42 y 52

Menos de 100€

14 **Pensão Londres** - **E5** - *R. Dom Pedro V, 53* - Ⓜ *Restauradores poi ascensor da Glória* - 🅿 *213 462 203 - www.pensaolondres.com.pt* - 🖥 - *36 habitaciones 73/98 €* 🍵. En lo alto del Bairro Alto, a un paso del jardín del Príncipe Real y del ascensor de la Glória, habitaciones luminosas y espaciosas con una hermosa vista del Tajo o del castillo desde los pisos superiores.

Alrededor de 100€

3 **Casa de São Mamede** - **D5** - *R. da Escola Politécnica, 159* - Ⓜ *Rato* - 🅿 *213 963 166* - *www.casadesao mamede. pt* - 🖥 - *26 habitaciones 94/134 €* 🍵. Cerca del jardín botánico y del barrio de diseñadores de moda, esta tranquila casa del siglo XVIII no carece de carácter con sus azulejos y sus opulentos muebles antiguos.

Estrela, Madragoa y Lapa

Plano del barrio pág. 52

Alrededor de 200€

7 York House - **C7** - *R. das Janelas Verdes, 32* - 🚋 *Santos* - ☎ 213 962 435 - *www.yorkhouselisboa.com* - 🖥 ✕ - *32 habitaciones 135/200 €* ☕. En un antiguo convento del siglo XVII, un «boutique-hotel» de ambiente sereno. Las habitaciones están dispuestas alrededor de un patio con una frondosa vegetación. El restaurante sirve una cocina deliciosa.

8 As Janelas Verdes - **C7** - *R. das Janelas Verdes, 47* 🚋 *Santos* - ☎ 213 968 143 - *www.lisbonheritagehotels. com/as-janelas-verdes* - *29 habitaciones 199/263 €* ☕. Junto al Museo de Arte Antiguo, un confortable hotel en una casa del siglo XVIII que perteneció al escritor Eça de Queiros. Decoración clásica pero ecléctica. Las habitaciones sobre el Tajo son más tranquilas.

Avenida da Liberdade, Saldanha y Estefânia

Plano del barrio pág. 52

Menos de 100€

16 Brasília - **D4** - *R. Alexandre Herculano, 29* - Ⓜ *Marquês de Pombal* - ☎ 213 149 213 - 🚭 - *7 habitaciones desde 54 €*. Una pequeña pensión en un piso con ambiente acogedor, en el 2º piso. Habitaciones sencillas, (las más caras con baño privado) pero íntimas.

Como se llena rápido, ¡es mejor reservar!

Alrededor de 200€

10 NH Liberdade - **E5** - *Avenida da Liberdade, 180B* - Ⓜ *Avenida* - ☎ 210 020 848 - - Ⓟ 🏊 - *83 habitaciones 160/211 €* ☕. Ofrece habitaciones amplias y decoración minimalista. Piscina y terraza en la azotea. Elegante y de diseño.

11 Britânia - **E5** - *R. Rodrigues Sampaio, 17* - Ⓜ *Avenida* - ☎ 213 155 016 - *www.lisbonheritage hotels.com/ en/hotel-britania* - 🖥 - *33 habitaciones 213/333 € : .* En una tranquila calle paralela a la Avenida da Liberdade, un hotel art déco construido en los años 40 por Cassiano Branco, el arquitecto del Eden Teatro, en la Plaza de los Restauradores. Confort y encanto retro: ¡una maravilla!

Mapa extraíble

Menos de 100€

21 Lisbon Style - **F4** - *Av. Almirante Reis, 55* - Ⓜ *Anjos* - ☎ 213 171 035 - *www.lisbonstyle.pt* - 🖥 - *5 habitaciones 83/95 €* y *2 pisos 120/140 €* . En un barrio menos turístico donde abundan los hostales, mantiene un espíritu de hotel-boutique y ofrece habitaciones cómodas, acogedoras y modernas, con las paredes pintadas de lugares y monumentos de Lisboa. Excelente acogida y relación calidad-precio, sobre todo fuera de temporada. Agradable terraza.

INFORMACIÓN PRÁCTICA

La Alfama al atardecer.
SeanPavonePhoto/Getty Images Plus

Preparar el viaje

Formalidades de entrada

Documentos necesarios - Documento de identidad válido para viajar al extranjero o pasaporte vigente.
Visado de entrada - Los ciudadanos españoles no lo necesitan.
Aduanas - No se realizan controles al cruzar la frontera con ninguno de los estados de la Unión Europea.

Ir en avión

Aeropuerto de Lisboa Humberto Delgado - ✆ 218 413 500 - www.aeroportolisboa.pt.
👉 *«Cómo llegar a Lisboa» pág. 3.*
Reserva tus billetes de avión con varios meses de antelación para los vuelos de verano teniendo en cuenta los numerosos retornos de portugueses residentes en el extranjero, sobretodo en agosto. Atención, en Lisboa los aviones de las compañías low cost despegan desde la **terminal 2**.

Aerolínea nacional

TAP Air Portugal - La aerolínea nacional portuguesa conecta Lisboa con Barcelona, Alicante, Málaga y Sevilla con vuelos directos. Duración del vuelo: de 2 horas y 50 minutos a 3 horas y 20 minutos. www.flytap.com/es-es/.

Aerolíneas de bajo coste

EasyJet -www.easyjet.com. Garantiza conexiones con Lisboa desde Barcelona, Madrid y Bilbao.
Ryanair -www.ryanair.com. Llega a Lisboa desde los aeropuertos de Barcelona, Madrid, Alicante, Málaga y Sevilla.
Vueling - www.vueling.com. Conecta la capital portuguesa con vuelos directos desde Barcelona y Bilbao.

Ir en tren

Aunque no es una opción que recomendamos porque el trayecto es muy largo, hay trenes que unen Lisboa con algunas ciudades de España. Hay un tren AVE que une **Madrid** Atocha con **Lisboa** en 10 horas y 45 minutos. El precio del billete varía en función de las fechas, pero si lo compras con antelación puede costar unos 30 euros por trayectos. Los trenes internacionales que llegan a Lisboa, suelen hacerlo a la estación de Santa Apolónia, que queda bastante retirada del centro de la ciudad, por lo que tendrás que tomar un transporte público a la llegada. Puedes comprar los billetes de tren en la web oficial de Renfe: www.renfe.com.
👉 *«Cómo llegar a Lisboa» pág. 3.*

Ir en autobús

Los autobuses de larga distancia **FlixBus** conectan varias ciudades españolas con Lisboa (estación Jardim Zoológico) - www.flixbus.es/.

Dinero

La moneda vigente es el **euro**.
Tarjetas de crédito - Visa y Mastercard son muy comunes en Lisboa (más raramente American Express) y se aceptan en muchos hoteles,

fsamora/Getty Images Plus

Un vistazo a Lisboa desde el Ascensor da Bica.

restaurantes, tiendas y *multibancos* (máquinas automáticas para retirar efectivo). Cuidado: muchos pequeños restaurantes y algunas pensiones rechazan este método de pago.
🞕 *«Bancos» pág. 124 y cuadro de texto «Números de emergencia» pág. 125*.

Cuándo ir

El clima de Lisboa es suave y soleado casi todo el año. Temperatura media anual: 17 ºC.

La primavera y el otoño son las estaciones ideales para descubrir la capital portuguesa.

Primavera - Los parques y jardines se adornan con flores y los cafés abren sus terrazas. El mes de abril es agradable, la ciudad cobra vida con fervor durante la Semana Santa del mismo modo que en junio, con motivo de la fiesta patronal de San Antonio, que se prolonga durante varios días en torno al 13 de junio.

Otoño - Las temperaturas son especialmente agradables (media de 22 a 26 ºC).

Verano - Julio y agosto son los meses más calurosos (27-28 ºC) pero la ciudad está aireada gracias a su proximidad al océano.

Invierno - Húmedo y relativamente fresco ya que Lisboa permanece soleada (13-17 ºC).

Salud

Para recibir la atención médica necesaria proporcionada por el sistema sanitario público local, debes llevar contigo la Tarjeta Sanitaria Europea (TSE), conocida como Tarjeta Sanitaria. Antes de emprender el viaje es recomendable contratar un seguro médico que, además de cubrir los gastos médicos, también incluya una posible repatriación sanitaria por vía aérea o el traslado a otro país.

☾ En caso de problemas estando allí, ver cuadro de texto «Números de emergencia» pág. 125.

Teléfono

Para llamar a Lisboa desde España - Marca 00 (prefijo del país) + 351 (prefijo de Portugal) + los 9 dígitos de la persona a la que deseas llamar.
☾ Una vez allí, ver «Teléfono» pág. 128.

Para saber más

Páginas Web

www.visitlisboa.com/es - Sitio turístico oficial de la ciudad con información sobre qué hacer y ver, alojamiento, entradas y más.
www.visitportugal.com/es - Sitio muy completo de la oficina de turismo portuguesa con información de todo el territorio: contactos útiles, alojamiento, turismo accesible, fotos, vídeos, etc.

Oficinas de turismo

Los siguientes números de teléfono deben marcarse desde Lisboa.
Palácio Foz - Plaza de los Restauradores - ☎ 213 463 314 - de 10:00 a 19:00 h (18:00 h en invierno). Oficina principal del Instituto de Turismo de Portugal (ITP) que proporciona información sobre Lisboa y su región.
Posto de turismo Terreiro do Paço - Plaza del Comércio - ☎ 210 312 810 - de 10:00 a 19:00 h (18:00 h en invierno).
«Ask Me Lisboa» - Varios puntos de información en la ciudad, entre ellos :
Quiosco en el aeropuerto - ☎ 218 450 660, 07:00-22:00 h.
Quiosco Cais do Sodré - Plaza del Duque de Terceira - ☎ 912 484 108 - de 09:00 a 13:00 h y de 14:00 a 18:00 h.
Quiosco Rossio - Plaza Dom Pedro IV - ☎ 910 517 914 - de lun. a sáb. de 10:00 a 13:00 h y de 14:00 a 18:00 h.
Quiosco de Belém - Delante del Monasterio de los dos Jerónimos - ☎ 910 517 981 - de mar. a dom. de 10:00 a 13:00 h y de 14:00 a 18:00 h.
«Ask me Sintra» - Plaza de la República, 23 - ☎ 219 231 157 - de 10:00 a 18:30 h.
Los quioscos de Santa Apolónia, Rossio y Parque de las Nações están temporalmente cerrados al público.

La estancia de la A a la Z

Bancos

Están muy extendidos por toda la ciudad. Los cajeros automáticos, llamados *multibancos*, aceptan la mayoría de tarjetas de crédito y son muy comunes.

☞ *«Dinero» pág. 120.*

Bicicletas y scooters

En todas partes encontrarás estaciones de alquiler de bicicletas **Gira** *(www.gira-bicicletasdelisboa.pt)*: descarga la aplicación para comprar el pase *(2 €/24 horas, 0,10 €/45 min o 0,20 €/45 min por una bicicleta eléctrica)*, localiza y desbloquea las bicicletas.

Para alquilar un patinete eléctrico, cómodo para explorar grandes zonas como Belém o el Parque de las Nações, descárgate la aplicación de una de las empresas que ofrecen este servicio como **Bolt** o **Bird** *(de 0,15 a 0,20 €/ min)*.

Electricidad

La tensión es de 230 voltios y la frecuencia de 50 Hz. Los enchufes son como los españoles, de tipo C (europeo de dos clavijas) y de tipo F (alemán de dos clavijas).

Embajada

Embajada de España - Palácio Lima Mayer, Rua do Salitre, 1 - ✆ 21 347 23 81/82/83 y 21 347 86 21/22 - www.exteriores.gob.es/Embajadas/lisboa/es/Paginas/index.aspx

Horarios

Bancos - Generalmente están abiertos de lunes a viernes ininterrumpidamente de 08:30 a 15:00 h. Muchos tienen cajeros automáticos para retirar efectivo, abiertos las 24 horas del día.

Tiendas - Suelen abrir los días laborables de 09:00 a 13:00 h y de 15:00 a 19:00 h y cierran los domingos y, a veces, los sábados por la tarde. Los centros comerciales abren todos los días de 10 de la mañana a 10 de la noche, algunos hasta medianoche.

☞ *«Nuestras direcciones/Compras» pág 104.*

Farmacias - Están abiertas de lunes a viernes, de 09:00 a 13:00 h y de 15:00 a 19:00 h y los sábados por la mañana. Algunas, como las farmacias de guardia, están abiertas las 24 horas del día. *(farmacias de serviço).*

☞ *«Salud» pág. 125.*

☞ *«Restauración» pág. 125 y «Transporte público» pág. 126.*

Lisboa Card

Una fórmula práctica y económica para visitar la ciudad. Válido 24 horas *(21€/4-15 años 13,50 €)*, 48 horas *(35/19,50 €)* o 72 horas *(44/23 €)*, la tarjeta permite el acceso ilimitado al transporte público (autobuses, metro, tranvías, funiculares, trenes a Cascais y Sintra) y acceso gratuito o con descuentos en la mayoría de los museos y sitios culturales de Lisboa y sus alrededores. A la venta en el sitio web: www.lisboacard.org/es, en el aeroporto y en las oficinas de turismo (☞ *pág. 122*).

Prensa

Para las publicaciones que ofrecen un calendario de eventos culturales:
☞ *«Salir por la noche» pág. 110*.

Propinas

El servicio está incluido, pero se suele dejar una propina de alrededor del 10% del total de la factura (excepto en locales pequeños y populares).

Reducciones

En la mayoría de monumentos y museos se concede una reducción del 50 % a niños, estudiantes menores de 25 años y mayores de 65 años.

Restauración

Números de emergencia

Servicio Nacional de Salud - ☎ 808 24 24 (las 24 horas del día) para información y asistencia.
Número único europeo de emergencia (NUE) - ☎ 112
Policía Turística de Lisboa - Palacio Foz, Plaza de los Restauradores, junto a la oficina de turismo - ☎ 213 421 623.
Pérdida de tarjeta de crédito:
American Express - ☎ (34 914004250 (desde España), ☎ 800 20 40 80 (desde Lisboa).
Visa - ☎ 800 811 824 (desde Lisboa), 34 910507330 (desde España).
MasterCard - ☎ 800 811 272 (desde Lisboa), 900 822 756 (desde España).

☞ *«Dónde comer» pág. 90*.
Horario - L'*almoço* (almuerzo) se sirve alrededor de la 13:00 h, el *jantar* (cena) entre las 19:00 y las 22:00 h o más tarde en los barrios turísticos.
Precios - En los restaurantes populares se indican dos precios diferentes para el mismo plato: uno se refiere a la media ración *(meia dose)*, servida generosamente, y el otro para la ración entera *(dose)* perfecta para dos personas.
Costumbres especiales - Antes del plato elegido, te traerán pequeños aperitivos *(acepipes)* que consisten en queso, jamón crudo, *chouriço*, aceitunas, paté de atún etc. Atención: éstos no se ofrecen como un gesto de bienvenida, se cargan a su factura si se consumen. Si no los quieres, díselo al camarero.
La mayoría de los restaurantes incluyen en la cuenta la mantequilla, el pan e incluso el cubierto. No traen jarras de agua a la mesa, tendrás que pedir agua embotellada.
Para el pescado, las tarifas pueden indicar el precio por kilo: en ese caso, no dudes en preguntar en el mostrador el peso y el precio del pescado.
Reservas - Debido a la afluencia turística es muy recomendable reservar, especialmente los fines de semana.

125

Salud

Las condiciones generales de salud pública, calidad de los médicos y hospitales son muy buenas. Los hospitales cuentan con un servicio de urgencias abierto las 24 horas del día. Las farmacias *(farmácias)* se reconocen por la cruz blanca sobre fondo verde: se pueden encontrar los mismos medicamentos que en España.

Fuera del horario de apertura, encontrarás la farmacia de guardia que figura en la lista expuesta en las puertas de las farmacias. La lista de farmacias de guardia puede consultarse en: www.farmaciasdeservico.net/localidade/lisboa/lisboa.
☾ *Cuadro de texto «Números de emergencia», pág. 125.*

Tabaco

Está prohibido fumar tanto en el transporte público como en los edificios públicos (administraciones, museos, etc.). La mayoría de los bares y restaurantes están reservados para no fumadores, al igual que las habitaciones de hotel.

Taxi

Numerosos y menos caros que en la mayoría de las ciudades europeas, son un buen medio para desplazarse por Lisboa. Son negros con el techo verde almendra. Una luz verde se enciende en el cartel cuando están libres. En la mayoría de las plazas hay una parada de taxis.
Para los desplazamientos dentro de la ciudad, el precio se indica en el taxímetro. Fuera de los límites de la ciudad, el precio se calcula por kilómetro y sube muy rápidamente. Cuenta 5 € para un trayecto diurno medio (3,25 € + 0,47 €/km), 7 € por la noche (3,90 € + 0,56 €/km). Suplemento de 1,60 € por equipaje y 0,80 € por llamada telefónica. Asegúrate, al entrar, de que el taxímetro está ajustado en la tarifa correcta: T1 para Lisboa de día, T2 para

Lisboa de noche (22:00-6:00 h), fines de semana y festivos y T3 y T4 para las zonas suburbanas.
Taxis de Lisboa - ☎ 218 119 000 - **taxislisboa.com**
Teletáxi - ☎ 218 111 100 - teletaxis.pt

Transporte público

Tranvías *(eléctricos)*, funiculares *(ascensores) y* ascensores *(elevadores):* En esta ciudad de relieves accidentados, el transporte público es práctico y en ocasiones pintoresco. El metro, por un lado, y los autobuses, tranvías y funiculares, por otro, son gestionados por compañías diferentes, por lo que los billetes no pueden utilizarse indistintamente de una red a otra.
Información y mapas de rutas - ☎ 213 613 000 - www.carris.pt (autobuses, tranvías y funiculares) - ☎ 213 500 115 - www.metrolisboa.pt (metro).
Horarios - Los autobuses circulan de 06:00 a 00:30 h, los tranvías interrumpen sus servicios de 20:00 a 21:00 h (excepto la línea 15E, de 06:00 a 01:00 h); la frecuencia es cada 10-15 minutos hasta las 21:30 h. Se garantiza un servicio nocturno de 0:30 a 5:30 h. El último autobús n°. 736 (Cais do Sodré, Baixa, Avenida da Liberdade, etc.) sale a las 23:25 h. El funicular de la Bica para sobre las 21:00 h, el de Gloria sobre las 00:00 h y el ascensor de Santa Justa sobre las 22:00 h (23:00 h en verano). El metro funciona de 06:30 a 01:00 h.
Billetes - Se pueden comprar **billetes sencillos** directamente en el tranvía (3 €), el autobús (2 €) o el metro (1,50 €), aunque resulta más económico adquirir el **Passe Navegante ocasional** (antigua tarjeta

Viva Viagem), una tarjeta magnética recargable, a la venta (0,50 €) en las estaciones de metro, en Correos y en algunos quioscos. Al optar por la **forfait 24 horas** (6,45 € o 10,70 €, también válida en los trenes) o por la **fórmula Zapping**, la tarjeta electrónica puede recargarse desde un un mínimo de 3 € a un máximo de 40 €. La fórmula Zapping, válida en metro, autobuses, tranvías y funiculares, así como el forfait 24 horas, te permiten subir a los barcos que cruzan el Tajo y tomar los *ascensores* (Bica, Lavra y Glória) y el Elevador de Santa Justa. Con la fórmula Zapping (con tarifas decrecientes en función del importe cargado en la tarjeta), un viaje te costará 1,35 € independientemente del medio de transporte que elijas.
☎ ✆ 214 357 472 - www.navegante.pt
Lisboa Card - Para un fin de semana en Lisboa, y si tienes la intención de viajar mucho, la Lisboa Card es sin duda la solución más conveniente (☎ *pág. 124*).

Tranvías (*eléctricos*)

Los viejos y chirriantes tranvías son uno de los elementos característicos de Lisboa y al mismo tiempo una forma agradable de recorrer colinas que parecen montañas rusas. En algunas líneas, estos viejos tranvías han sido sustituidos por trenes modernos cubiertos de publicidad: rápidos y con aire acondicionado, son sin duda más cómodos, pero menos fascinantes.
De las 17 líneas que antaño atravesaban la capital, solo seis siguen activas. Tres de ellas son populares entre los turistas:
n.º 12E (comienza en la Plaza de Figueira): pasa por la catedral, el Largo

de las Portas del Sol (Alfama), mirador de Santa Luzia y Plaza de Martim Moniz. Realiza el recorrido completo en 20 min.
n.º 15E (Plaza de Figueira/Algés): da acceso a los lugares situados a lo largo del Tajo, desde la Plaza del Comércio hasta Belém: muelles, Museo de Carris, Museo de Oriente, Museo de Carruajes, MAAT, Monasterio de los Jerónimos, Monumento a los Descubrimientos, Torre de Belém, etc.).
n.º 28E (Martim Moniz/Campo de Ourique-Prazeres): Barrio de Graça, Iglesia de São Vicente de Fora, Museo de Arte Decorativo, Castillo de São Jorge - Sé (Catedral), Baixa, Museo del Chiado, Largo del Chiado, Calle de São Bento, Basílica de la Estrela.
Las otras tres líneas, con vagones modernos o históricos, permiten un acercamiento menos turístico a la ciudad:
n.º 18E: Cais do Sodré, Santos, Alcântara-Mar, Ajuda.
n.º 24E: Plaza Luis Camões (Chiado), Rato, Campolide (entre Sete Rios y Plaza de Espanha).
n.º 25E: Campo de Ourique (Cementerio de los Prazeres), Estrela, Lapa, Santos, Plaza del Comércio, Rua de Alfândega.

Funiculares (*ascensores*)

Tan pintorescos como los tranvías, los funiculares son trenes amarillos de cremallera utilizados para subir colinas: ascensor da Bica: R. de S. Paulo/Largo del Calhariz; ascensor de la Glória: Restauradores/São Pedro de Alcântara; ascensor del Lavra: Largo de la Anunciação/R. de la Câmara Pestana.

Ascensores (*elevadores*)

Además del histórico ascensor de pago de Santa Justa (*☉ pág. 39*), cuatro ascensores gratuitos dan acceso al Castillo de São Jorge (*elevador do Castelo - de 08:00 a 21:00 h - R. dos Fanqueiros, 176/R. da Madalena, 147-155, también, ascensor panorámico Calçada do Marquês de Tancos, 1/Largo Chão do Loureiro, 3*), a la catedral (*elevador da Sé - de 08:00 a 21:00 h - R. Afonso de Albuquerque/Cruzes da Sé*) y al mirador de Santa Luzia (*elevador de Santa Luzia - de 07:00 a 21:00 h - R. Norberto de Araújo, 25/mirador*). Un ascensor mecánico (*Plaza Martim Moniz/R. Marquês Ponte de Lima, cerca del castillo*) facilita la subida al empinado barrio de Mouraria.

Subterráneo (*metro*)

Limpia, rápida y moderna, la red consta de cuatro líneas: Azul (Santa Apolónia/Reboleira), Amarela (amarilla: Rato/Odivelas), Verde (Cais do Sodré/Telheiras) y Vermelha (roja: São Sebastião/Aeropuerto). Algunas estaciones se han decorado con azulejos firmados por artistas famosos (*☉ pág. 141*).

Autocarros (autobuses)

Utiliza la **aplicación móvil Carris** para planificar tus rutas.
Líneas principales: n.º 781 (Prior Velho/Cais do Sodré); n.º 783 (Prior Velho/Portela/Amoreiras); n.º 746 (Marquês Pombal/Damaia); n.º 758 (Cais do Sodré/Sete Rios/Portas Benfica); n.º 714 (Plaza de Figueira/Outurela hasta Museo de Arte Antiga y Belém; n.º 728 (Restelo/Portela), a lo largo del Tajo entre Bélem y el Parque de las Nações.
☉ «Cómo llegar a Lisboa» pág. 3 y

mapa de transportes en el reverso del mapa extraíble.

Comboios (trenes)

Situadas en los alrededores de Lisboa, se puede llegar fácil y rápidamente en tren a Estoril, Cascais y Sintra. Para estos destinos podrás embarcar gratuitamente con la Lisboa Card (*☉ pág. 124*) o por el precio de un billete de metro con el pase ocasional Navegante.
Información - ☎ 808 109 110 - www.cp.pt
Estação do Cais do Sodré - Trenes a Estoril y Cascais cada 20 min - de 17:30 a 13:30 h - duración del trayecto 35/40 min.
Estação do Rossio - Por la costa oeste y Sintra - cada 10-20 min - de 5:40 a 1:00 h - trayecto de 40/50 min.

Teléfono

Del extranjero a Lisboa

☉ *«Teléfono» pág. 122.*

De Lisboa a Italia

Marca 00 (prefijo internacional) + prefijo de España (34) + número del usuario al que quieres llamar sin el 0 inicial.

De Lisboa a Lisboa

Debes marcar el número completo, incluido el prefijo regional, es decir, 9 dígitos en total, estés donde estés. Los números que comienzan con 800 son gratuitos, mientras que los que comienzan con 808 se cobran al precio de una llamada local. Los números fijos nacionales empiezan con un 2, los móviles con un 9.
Teléfonos móviles - No necesitas pagar tasas adicionales para utilizar tu teléfono móvil en Lisboa. En cualquier

caso, comprueba con tu operador telefónico si las llamadas realizadas desde el extranjero están incluidas o no en tu plan.

Vacaciones

1 de enero - Año Nuevo.
Febrero - Martes de Carnaval, fecha variable.
Marzo-abril - Viernes Santo, fecha variable.
25 de abril - Aniversario de la Revolución de los Claveles, Día de la Libertad.
1 de mayo - Día del Trabajor.
10 de junio - Fiesta nacional: muerte de Camões y fiesta de las Comunidades Portuguesas.
13 de junio - Fiesta de San Antonio, patrón de Lisboa.
15 de agosto - Asunción.
5 de octubre - Día de la República.
1 de noviembre - Día de Todos los Santos.
1 de diciembre - Restauración de la Independencia.
8 de diciembre - Inmaculada Concepción.
25 de diciembre - Navidad.
La mayoría de los museos cierran el 1 de enero, el domingo de Pascua, el 1 de mayo, el 13 de junio, el 24, 25 y/o 31 de diciembre.
↻ *Eventos y espectáculos, pág. 130.*

Visitas guiadas

En autobús o tranvía

YellowBus - *Plaza del Comércio y Plaza de Figueira* - *www.yellowbustours. com.* Diferentes fórmulas: **Belém Lisboa Tour** en autobús panorámico por el centro histórico y Belém *(20 €)*; **Lisboa moderna Tour**, incluido el Parque de las Naçẽs *(20 €)*; **Hills Tramcar Tour** en un antiguo tranvía, *via* Alfama, Chiado y Bairro Alto *(22 €)*. Información en las oficinas de turismo y en el sitio web de la empresa.

Cruceros por el Tajo

De abril a octubre, varias compañías ofrecen cruceros por el Tajo que parten de los puertos fluviales de Terreiro do Paço (frente a la Plaza del Comércio), Cais do Sodré, Belém y Alcántara. Las conexiones regulares las gestiona Transtejo *(ttsl.pt - acceso con el pase ocasional Navegante)*.
Cruzeiros Tajo - *cruzeirostejo.com.* Diferentes fórmulas a bordo de barcos a motor o vela.
Hippotrip - *www.hippotrip.com.* Excursiones en autobús anfibio con salida desde los muelles de Santo Amaro *(28 €, reducido 16 €)*.
Yellow Boat River Tour - www.yellow bustours.com. Diferentes fórmulas, de 20 a 30 €, entre Belém y el Parque de las Naçẽs.

En tuk-tuk

Los coches-abeja modernizados que han invadido las calles son un gran éxito.
Eco Tuk Tours - ✆ 910 802 000 - www.ecotuktours.com/es. Circuitos y paseos en coches-abeja eléctricos *(aprox. 45 €/hora)*.

Zona horaria

Tanto en verano como en invierno, el huso horario está una hora por detrás de España: cuando en España es la 13:00 h, en Lisboa son las 12:00 h.

Eventos y espectáculos

La oficina de turismo publica mensualmente de forma gratuita la **Agenda cultural Lisboa** en la que se enumeran exposiciones, conciertos, espectáculos y otros eventos culturales de la capital. En línea en: **www.visitlisboa.com/es/eventos**, **www.agendalx.pt** o **www.culturanarua.pt**.

Eventos anuales

Febrero-marzo
▶**Carnaval** - Desfile en la Baixa; el Martes de Carnaval (Terça-feira Gorda), desfile de niños disfrazados que suben y bajan por la Baixa en busca de dulces (seis días durante el periodo que precede al Miércoles de Ceniza).
▶**Doclisboa** - Festival Internacional de Cine Documental de Lisboa. Proyecciones en Culturgest, la Filmoteca y varios cines (hasta julio). doclisboa.org

Marzo
▶**ModaLisboa** - El Salón de la Moda de Lisboa da visibilidad a las creaciones portuguesas a nivel internacional. Se celebra cada dos años (marzo y octubre). www.modalisboa.pt

Marzo-abril
▶**Semana Santa** - Fiestas religiosas con procesión en el Bairro Alto con motivo de Semana Santa.

Abril
▶**Dia da Liberdade** - Desfiles militares y conmemoraciones oficiales en el Día de la Libertad, fiesta nacional para celebrar la caída del régimen de Salazar el 25 de abril de 1974.

Abril-mayo
▶**IndieLisboa** - Gran festival de cine independiente (ficción, animación, documentales, cortometrajes...). indielisboa.com

Mayo
▶**Festival Jardins Abertos** - El festival que abre las puertas de los jardines públicos y privados de la capital (2 últimos fines de semana del mes).

Mayo-junio
▶**ARCOlisboa** - Artistas, galeristas y coleccionistas se reúnen en esta feria internacional de arte contemporáneo (mayo). www.ifema.es/en/arco-lisboa
▶**Festival Internacional de Marionetas y Formas Animadas** - Espectáculos, proyecciones y exposiciones dedicadas a las marionetas que, durante dos semanas, tienen lugar entre el Museo de la Marioneta, el Palacio Pimenta, la Cinemateca Portuguesa y los teatros de la ciudad. www.tarumba.pt

Junio
▶**Dia de Portugal** - El 10 de junio, los portugueses celebran el Día de Portugal en memoria de la muerte del poeta Camões, en 1580.
▶**Festas de Lisboa** - Diversos eventos en distintos rincones de la ciudad y en los transportes públicos, en especial la fiesta del Fado. Espectáculos de disfraces medievales en el castillo, veladas musicales y el famoso

Concurso Sardinhas, una competición artística protagonizada por la sardina, decorada de las formas más creativas.

▶ **Festas dos Santos Populares** - Entretenimiento callejero en los barrios antiguos (Alfama, Mouraria, Bairro Alto). Desfiles *(marchas populares)* en la Avenida de la Liberdade (12-29 de junio; el momento crucial es el 13 de junio, con la fiesta de Santo António, patrón de la ciudad).

▶ **Dia da Música** - Conciertos en Chiado y «maratón» de música clásica (21 de junio).

▶ **Feira Internacional de Lisboa** - Artesanía y recursos naturales, gastronomía, patrimonio inmaterial y culturas locales al servicio del desarrollo regional. En el Parque de las Naçoes.

Julio
▶ **Festival de Almada** - Teatro y espectáculos callejeros en Almada, al otro lado del Tajo, frente a Lisboa (primera quincena de julio). festival. ctalmada.pt

Julio-agosto
▶ **FIARTIL, Feira Internacional de Artesanato do Estoril** - La Feria de Artesanía de Estoril cuenta con representantes de todas las regiones de Portugal y del mundo (de principios de julio a principios de septiembre). www.facebook.com/feiradeartesanatodoestoril

Agosto
▶ **Jazz em Agosto** - En la Fundación Gulbenkian, músicos de renombre y las últimas tendencias del jazz contemporáneo. gulbenkian.pt/jazzemagosto

Agosto-septiembre
▶ **Feira do livro** - Uno de los eventos más importantes de la vida cultural de

Sardinas a la brasa con motivo de la fiesta de Santo Antonio en el barrio de Alfama.

Lisboa y el mayor evento literario de Portugal, tiene lugar en las avenidas del Parque Eduardo VII. feiradolivrodelisboa.pt

▶ **Lisboa na rua** - Música, danza y cine al aire libre en diversos espacios y jardines de la capital.

Octubre

▶ **Maratón de Lisboa** - De Cascais a Lisboa por la orilla del Tajo, coincide con la media maratón que comienza en el puente Vasco de Gama. www.running-portugal.com

Noviembre

▶ **Alkantara Festival** - Este festival dedicado a las artes escénicas (danza, teatro, conciertos, etc.) tiene lugar en el Espaço Alkantara (Calçada Marquês Abrantes 99, Santos) y otros espacios de Lisboa. www.alkantarafestival.pt

▶ **Olhares do Mediterrâneo - Cinema no Feminino** - Películas de cineastas de diferentes países mediterráneos o que trabajan en la zona. En el cine São Jorge, avenida de la Liberdade. www.olharesdo mediterraneo.org

Diciembre

▶ **Noite na véspera do Ano Novo** - Lisboa celebra la Nochevieja con esplendor: conciertos, entretenimiento por toda la ciudad y fuegos artificiales en el río.

Exposiciones temporales

Las páginas web de los principales museos y fundaciones presentan los programas de las exposiciones

previstas. Es preferible comprar las entradas con mucha antelación para evitar colas interminables.

- **Centro Cultural de Belém** www.ccb.pt
- **Culturgest** www.culturgest.pt
- **Museu Nacional de Arte Antiguo** www.museudearteantiga.pt
- **Museu de Arte, Arquitectura y Tecnología** www.maat.pt
- **Museu Coleção o (Museu de Arte Contemporanea MAC/ CCB)** www.ccb.pt/
- **Museu Calouste Gulbenkian** www.gulbenkian.pt
- **Museu Nacional de Arte Contemporânea do Chiado** www.museuartecontemporanea.gov.pt
- **Museu da Marioneta** www.museudamarioneta.pt
- **Museu do Design e da Moda** www.mude.pt *(temporalmente cerrado por obras)*
- **Museu do Oriente** www.foriente.pt El calendario de la oficina de turismo **también está lleno de información**. www.visitlisboa.com/es

Eventos en 2023-2024

▶ **JMJ** - XXXVIII Día Mundial de la Juventud (1-6 de agosto de 2023).

▶ **Rock in Rio** - Este importante festival de rock se celebra cada dos años en el Parque Bela Vista *(a 5 min a pie de la estación de metro Bela Vista)*, con artistas famosos en el cartel. Celebra su 20º aniversario en 2024 (2 fines de semana de mayo). rockinriolisboa. sapo.pt.

PARA SABER MÁS

Detalle de la rosa de los vientos en el suelo frente al monumento a los Descubrimientos (Belém).
karnizz/Getty Images Plus

Breve historia

1200 a. C. - Fundación de la colonia fenicia «Alissubo», futura Lisboa.
147-139 a. C. - Invasión romana.
711 - Inicio de la conquista musulmana.
1140 - Alfonso, primer rey de Portugal.
1250 - Fin de la Reconquista.
1256 - Lisboa se convierte en **capital**.
1297 - Tratado de Alcañices, por el que se establecen las fronteras de Portugal.
1415 - Toma de Ceuta (Marruecos). Inicio de la **época dorada** de Lisboa.
1418 - Descubrimiento de Madeira.
1427 - Descubrimiento de las Azores.
1488 - Bartolomeo Diaz dobla el Cabo de Buena Esperanza.
1498 - **Vasco de Gama** llega a las Indias.
1500 - P. Á. Cabral descubre Brasil.
1580 - Felipe II de España, rey de Portugal.
1668 - España reconoce la **independencia de Portugal.**
1750 - Coronación de José I
1755 - **Terremoto** en Lisboa. **Pombal** dirige la reconstrucción.
1807-1810 - Invasiones napoleónicas, exilio de la Corte en Brasil.
1820 - Revolución liberal.
1822 - Independencia de Brasil.
1834 - María II, reina de Portugal, inicio de la monarquía liberal.
1908 - Asesinato de Carlos I y de su hijo mayor.
1910 - Proclamación de la república.
1926 - Golpe militar; el general Carmona es nombrado presidente de la Junta.
1932 - Salazar, Presidente del Consejo.
1933 - Constitución del *Estado Novo*.

1949 - Portugal, miembro fundador de la OTAN.
1961 - Inicio de las guerras coloniales.
1974 - **Revolución de los claveles.**
1975 - Independencia de Cabo Verde, Angola, Mozambique y Santo Tomé. Lisboa tiene que acoger a cientos de miles de *retornados*.
1986 - Mário Soares, primer presidente de la República Civil desde 1926; Portugal ingresa en la CEE.
1994 - Lisboa es elegida Capital Europea de la Cultura.
1996 - Jorge Sampaio, presidente de la República.
1998 - **Expo '98** en Lisboa.
1999 - Macao vuelve a China.
2006 - Aníbal Cavaco Silva (Partido Socialdemócrata) presidente de la República.
2007 - Tratado de Lisboa.
2011 - Segundo mandato presidencial de Cavaco Silva. Drástico plan de austeridad.
2015 - Elecciones legislativas: el primer ministro Antonio Costa gobierna el país con una coalición de partidos de izquierda.
2016 - Creación del MAAT.
2020 - Lisboa es nombrada Capital Verde de Europa.
2021 - Marcelo Rebelo de Sousa, presidente de la República desde 2016 es reelegido para un segundo mandato.
2022 - Centenario del nacimiento de José Saramago.
2023 - Lisboa acoge el Día Mundial de la Juventud en agosto.

Una capital ecológica

En 2020, Lisboa fue nombrada **Capital Verde de Europa**, título que desde 2010 otorga la Comisión Europea a ciudades que han logrado alcanzar objetivos ambiciosos en el ámbito de la protección ambiental y el desarrollo económico sostenible.

Objetivo: cero emisiones de carbono

La ciudad ha tomado una serie de medidas para proteger el medio ambiente y mejorar la calidad de vida de los habitantes, empezando por la **peatonalización** del centro (Baixa) y la ampliación y modernización de la red de transporte público. Para limitar la circulación de automóviles (¡370 000 coches al día!), se han potenciado los medios de transporte compartidos (bicicletas, patinetes eléctricos, coches eléctricos, etc....). En cuanto al ahorro de energía, una mejor gestión del agua (creación de cuencas de retención), un amplio reciclaje de residuos con el abandono de los plásticos, o las subvenciones a la construcción sostenible son los términos de referencia. Objetivo: la reducción de emisiones netas de carbono a cero de aquí a 2050!

Obras a largo plazo

Grandes obras en toda la ciudad están cambiando su fisonomía. A la humanización del barrio de negocios de **Entrecampos**, dotado de espacios verdes y viviendas para favorecer la integración social, se suma la transformación de la **Plaza de Espanha**, cruce de carreteras clave, en un gran parque urbano con grandes árboles atravesados por cursos de agua que conectan con el jardín de la fundación Gulbenkian. Proyectos a largo plazo que se suman a la creación de una piscina ecológica natural alimentada por el agua del Tajo cerca del puerto deportivo del Parque de las Nações y la continuación de las obras de reurbanización de las orillas del río: tras el paseo ajardinado de la Ribeira de las Naus hasta Cais do Sodré, más abajo, se está renovando el **Campo de las Cebolas**, por encima de la Plaza del Comércio. Por último, cabe mencionar el embellecimiento de plazas, parques y miradores, y la creación de grandes espacios verdes, como el **Parque Ribeirinho Oriente**, entre Braço de Prata y Marvila.

Ecosistema y biodiversidad

Además del plan de preservación de la biodiversidad del **Parque Florestal de Monsanto** y de la recuperación del **ecosistema del estuario del Tajo**, el proyecto que podría tener mayor resonancia sigue siendo la creación de un «corredor verde» en el **valle de Alcântara**. Atravesado por carriles peatonales y ciclistas y comunicado por transporte público, garantizará la conexión entre el **Parque Florestal de Monsanto** y las orillas del Tajo, cambiando profundamente la futura imagen de la capital portuguesa.

 lisboagreencapital2020.com

137

El Tajo, el «mar de paja»

Lo llaman el «mar de paja» por sus reflejos dorados al atardecer. Y si el Tajo da identidad propia a Lisboa, las colinas ofrecen vistas impresionantes del río.

La historia nacida del río

La ciudad siempre ha tenido una estrecha relación con el Tajo. En la ribera del río, en **Belém** , se jugó el fabuloso destino de la capital durante los siglos xv y xvi. Este barrio verde y espacioso, donde hoy es agradable pasear, era el puerto de atraque de las carabelas que zarpaban hacia mares desconocidos. A bordo iban los **grandes navegantes** que hicieron de Portugal la nación más poderosa del mundo durante más de un siglo. Belém conserva los signos de los grandes descubrimientos geográficos con una serie de monumentos y museos que ilustran este prestigioso pasado.

Un puerto dinámico

Aún hoy, Lisboa debe parte de su vitalidad económica al Tajo.
El río ofrece a los barcos y grandes buques un refugio tranquilo y seguro, lo que convierte a Lisboa en uno de los grandes puertos de Europa (10 millones de toneladas, 500 000 pasajeros al año).
El dinamismo económico remonta el río por ambas orillas hasta Alcochète (al noreste de Lisboa, en la orilla opuesta), una de las reservas naturales más importantes de Europa, donde anidan numerosas aves migratorias. El estuario del Tajo, el más grande de Europa, mide en este punto 11 km de ancho.

El nuevo Tajo

Símbolo histórico y económico, el Tajo exalta el renacimiento de Lisboa. Numerosas **estructuras contemporáneas** salpican sus orillas: el centro cultural de Belém y, muy cerca, el innovador MAAT, o el Museo de Oriente en Alcântara. Los **polos de atracción** se suceden: los muelles de Santo Amaro y Alcântara, la LX Factory y luego el barrio antiguo de Cais do Sodré, convertido en epicentro de la vida nocturna lisboeta. A ambos lados de la Plaza del Comércio, la **reurbanización de las orillas** del río ha creado paseos populares que se extienden hasta Belém y, poco a poco, río arriba, hasta la nueva terminal de transbordadores de Santa Apolónia, donde atracan enormes cruceros. Aún más arriba, más allá del barrio turístico de **Marvila**, destino de algunos noctámbulos, se extiende el Parque de las Nações, creado para la Exposición Universal de 1998 y asaltado los fines de semana por corredores y familias.

Azulejos y cerámica portuguesa

Los azulejos

Todavía muy utilizados en decoración, los azulejos, cuyo origen se remonta al siglo XV, son un tipo de pintura sobre baldosas de cerámica barnizada. Aunque casi siempre son de color blanco y azul, su nombre no deriva de *azul*, sino del árabe *al zulaycha*, que significa trozo liso de tierra cocida.

Todo empezó en Andalucía

Aunque ahora forman parte de la arquitectura portuguesa, los primeros azulejos se crearon en Andalucía, donde se utilizaban para decorar palacios. Fueron introducidos en Portugal por el rey Manuel I, quien, al regresar de España fascinado por la Alhambra de Granada, hizo decorar su palacio de Sintra con estos ricos azulejos. A partir del siglo XVI, el italiano Francesco Nicoloso introdujo la técnica de la **mayólica** (la terracota que cubre con una capa de esmalte blanco sobre la que se fijan pigmentos). Los azulejos se convierten en un soporte decorativo muy utilizado y se adopta un formato «estándar»: el azulejo mide 14 cm de lado. Se abren varios talleres en Lisboa.

La evolución estilística

A mediados del siglo XVI, la **influencia flamenca** suplanta los patrones españoles con azulejos más complejos que utilizan patrones como la punta de diamante.

En el siglo XVII, bajo el dominio español, Portugal entró en un periodo de **austeridad**. Para decorar las paredes de las iglesias sin gastar demasiado dinero, se utilizaron sencillos azulejos monocromáticos dispuestos geométricamente. Estas composiciones evolucionarán hasta convertirse en el estilo *tapete* (alfombra), que recuerda a los tapices orientales, con motivos florales realizados a partir de módulos de 4, 16 o 36 azulejos. A la restauración de los portugueses en el trono, le sigue una **evolución creativa** . Vuelven los paneles figurativos describiendo escenas mitológicas o caricaturas de la vida cotidiana de la época. Los tradicionales amarillos y azules son sustituidos por el verde cobre y el violeta manganeso. Pueden verse magníficos ejemplos en el palacio de los Marqueses de Fronteira (𝒞 *pág. 78*). El siglo XVIII se divide sistemáticamente en dos periodos. En la primera mitad, los azulejos son casi exclusivamente azules y blancos; esta moda deriva de la **porcelana china** que se había puesto de moda gracias a los grandes descubrimientos geográficos. La segunda mitad del siglo XVIII está marcada por el **estilo rococó.** Hay un retorno a la policromía: dominan el amarillo, el marrón y el morado; la pintura se vuelve más refinada. Hermosos ejemplos de este estilo se encuentran en el Palacio Nacional de

Queluz, especialmente a lo largo del canal (☞ *pág. 80*).

En el siglo XIX, algunos portugueses que habían partido en busca de fortuna a Brasil vuelven a su país y cubren las paredes exteriores de sus casas con azulejos, una costumbre muy extendida en Brasil, para proteger las fachadas de las lluvias tropicales. Poco a poco, calles enteras y fachadas de iglesias se cubrieron con estos pequeñas baldosas de cerámica que ahora se producen industrialmente. El azulejo se convierte así en uno de los principales elementos decorativos de tiendas, mercados, estaciones de ferrocarril con temas relacionados con el comercio, las tradiciones o la historia.

El azulejo contemporáneo

Entre los años 1940 y 1950, el azulejo recuperó cierto prestigio. Entre los artistas que lo utilizaron estaban: Manuel Cargaleiro, Querubim Lapa, Rolando Sá Nogueira, Carlos Botelho y Maria Keil. Los azulejos, presentados en forma de grandes frescos geométricos, decoraciones que cubren principalmente las fachadas, son una parte integrante de la arquitectura en general. Para la Expo 98, el estadounidense Ivan Chermayeff creó un gran mural al fresco para el **Oceanário de Lisboa** del Parque de las Nações: compuesto de azulejos industriales, representa grandes animales marinos elaborados digitalmente.

Desde 1987, la decoración de las estaciones de **metro de Lisboa** se confía a artistas famosos: Vieira da Silva (estación Cidade Universitária), Álvaro Siza Vieira (Baixa-Chiado), Menez (Marquês de Pombal, rememorando el siglo XVIII portugués). En la estación Alto dos Moinhos, Júlio Pomar ilustra la vida de tres grandes poetas portugueses - Luís de Camões, Fernando Pessoa y Bocage - y del pintor Almada Negreiros. Eduardo Nery, famoso por su arte callejero, es el autor de la estación de Campo Grande, donde descompone la imagen de un hombre y una mujer produciendo un efecto de animación.

El **Museo Nacional de Azulejos** (☞ *pág. 36*) ofrece una visión completa de la evolución de este arte.

La calçada portuguesa

Tendrás que bajar los ojos al suelo para descubrir la *calçada portuguesa*: hecha de pequeños cubos de caliza blanca y basalto negro, este pavimento consiste en una auténtica incrustación de piedras. El repertorio de decoraciones es inagotable: figuras marinas, escudos de la ciudad, símbolos históricos, diseños geométricos y a veces incluso logotipos comerciales. Colocadas a lo largo de las aceras, en plazas y miradores, así como en los umbrales de las puertas, son la respuesta horizontal al azulejo. Por la noche, su superficie blanca y reflectante resplandece. Los encontramos en Lisboa y en todas las demás ciudades del país, pero también al otro lado del mundo, allí donde los portugueses han dejado huella de su paso, de Brasil a Macao, pasando por Mozambique. Estas alfombras de mosaico invitan por sí solas a pasear. Ten cuidado de no resbalar en caso de lluvia.

Arquitectura y urbanismo

Una identidad real

Lisboa está dispuesta anfiteatralmente sobre **siete colinas** que ofrecen preciosas vistas abiertas. Los edificios rara vez superan unos pocos pisos de altura y, desde todos o casi todos los puntos, se puede ver el cielo sin levantar la cabeza: surgen perspectivas que descienden hacia el **Tajo** o sobresalen de los tejados. Sin embargo, no es difícil comprender la fisonomía de la ciudad, toda hecha de laberintos y valles; sobre todo porque la vieja Lisboa tiene pocos grandes monumentos: uno se encuentra con iglesias barrocas y edificios de los siglos XVIII y XIX pintados en tonos pastel o cubiertos de azulejos. Por eso resulta fácil orientarse con respecto al río y según el relieve.

Estación comercial fenicia fundada en torno al 1200 a. C. con el nombre de Alissubo, Lisboa presume de ser una de las ciudades más antiguas de Europa. Según la leyenda, fue creada por **Ulises** tras abandonar Troya, lo que evocaría su nombre griego, **Olissipo**.

Si la Antigüedad y la Edad Media han dejado pocos vestigios (la mayoría fueron borrados tras el terremoto de 1755), el antiguo puerto de escala de los navegantes de la Era de los Descubrimientos conserva, con orgullo y nostalgia, el recuerdo de sus epopeyas de ultramar y de sus lejanas colonias.

La arquitectura de Lisboa, como en todo Portugal, presenta una verdadera originalidad. Abierta a diversas **influencias** -italiana, flamenca y francesa, pero también oriental gracias a los descubrimientos marítimos-, se ha nutrido de todas ellas para expresarse de una manera única. Lejos de basarse en su prestigioso pasado, ilustra las tendencias más contemporáneas de cada época.

Arquitectura románica y gótica

Portugal nació en 1140. La arquitectura románica, que inspiró las órdenes monásticas francesas de Cluny y Cîteaux, se extendió por el camino de Santiago de Compostela y más allá hasta llegar al joven reino de Portugal, reunido entonces en las provincias del norte.

Allí, el proceso de reconquista coincide con una expansión religiosa y artística que se produce bajo la bandera del arte románico, y se convierte en símbolo de un reino que rechaza a los moros. El final de la Reconquista, marcado por la toma del Algarve en 1249, puso fin a la arquitectura románica dejando un legado de aproximadamente 200 iglesias y monasterios ubicados principalmente en el norte del país. El arte gótico se desarrolló a finales del siglo XIII con la construcción de grandes monasterios en las regiones calizas, incluida Lisboa. El monasterio de Alcobaça (100 km al norte de Lisboa), que refleja la antigua abadía de Claraval en Francia, sirvió de

modelo para el claustro cisterciense (siglo XIV) de la catedral de Lisboa.

El estilo manuelino

Se trata de la creación más original de la arquitectura portuguesa, una evolución tardía del gótico que hace de transición con el Renacimiento. El término, inventado en el siglo XIX, designa el estilo exuberante que floreció durante la gloriosa y próspera época de los **Grandes Descubrimientos**, bajo los reinados de Juan II, Manuel I y Juan III. El arte manuelino tiene más que ver con la decoración que con la estructura de los edificios, la cuál sigue siendo similar al gótico. Este estilo se inspira en motivos vegetales y animales, en el arte asiático y del Lejano Oriente o en elementos marítimos. Las ventanas, puertas, rosetones y balaustradas están cubiertas de esculturas que representan hojas de laurel, cardos, alcachofas, troncos de palmeras, corales, algas, copas, escamas....
Este estilo es obra de cuatro grandes maestros cuyas obras van de 1490 a 1547. Se debe a **Diego Boytac**, el Monasterio de los Jerónimos, en Belém, que conmemora el descubrimiento de la ruta marítima de las Indias Orientales. Es sin duda una de sus obras más importantes. El claustro es considerado el más bello del mundo. Las otras figuras de la arquitectura manuelina son: **Mateus Fernandes** (desarrolló toda su carrera en Batalha), **Diego de Arruda** (el artista más original de este periodo, a quien se debe, entre otras cosas, el Convento de Cristo en Tomar) y por último su hermano, **Francisco de Arruda** (un arquitecto militar que construyó la Torre de Belém.

El Renacimiento

El Renacimiento conservó en Portugal sus rasgos esenciales, procedentes de Italia y Francia. Floreció en la escultura bajo el impulso de artistas franceses, entre ellos, **Nicolas Chantereine**, cuyo estilo se mantuvo siempre fiel a los principios del Renacimiento italiano; el artista trabajó en la decoración del portal del monasterio de los Jerónimos de Belém (☞ *pág. 63*) antes de convertirse en el principal escultor de la Escuela de Coimbra.

El Arte barroco

El estilo barroco debe su nombre a la palabra *barroco*, la cual designa una perla irregular, lo que en el campo del arte corresponde al espíritu de la Contrarreforma que en los siglos XVI y XVII, para combatir las herejías, opuso la austeridad protestante a las seducciones de un arte suntuoso y popular al servicio de la Iglesia católica. Desde finales del siglo XVIII, las fachadas aparecen decoradas con festones, figuras de ángeles y líneas curvas.
João Antunes recomienda una planta octogonal para los edificios religiosos (☞ *Igreja de Santa Engrácia, pág. 34*). Pero el verdadero barroco portugués se desarrolló sobre todo en el norte del país, en Braga y Oporto.

El estilo pombalino

Nació de una catástrofe: el terrible terremoto de 1755. Las obras de reconstrucción comenzaron rápidamente. La Baixa (la «ciudad baja», también llamada «centro de Pombal») se construyó siguiendo un plano en damero impuesto por el **Marqués de Pombal**, Primer Ministro de la época. Aplicó al urbanismo las teorías racionalistas de la Ilustración, cuyas huellas aún se pueden ver hoy en la Baixa: barrios rectangulares entre dos grandes plazas, edificios regulares de estilo clásico rigurosamente alineados, anchas calles rectilíneas, creación de gremios (las callejuelas han conservado sus nombres). Con su innegable majestuosidad, la Baixa fue durante mucho tiempo el escaparate del urbanismo en la Europa de la Ilustración. La reciente reurbanización del barrio (2013) realza su proximidad al Tajo.

El Renacimiento

Hubo que esperar hasta finales del siglo xx para que se llevara a cabo una gran operación que cambiara de nuevo sensiblemente el aspecto de la ciudad. Esta vez se trataba de estar a la altura de ser ciudad anfitriona con motivo de la exposición universal, **Expo'98**, que celebraba el 500° aniversario de la apertura de la ruta marítima a las Indias por Vasco da Gama. El **Parque de las Nações** corresponde al área remodelada para el evento, 340 hectáreas a orillas del Tajo, un antiguo polígono industrial hasta entonces muy contaminado y abandonado. Veinte años después, se siguen construyendo edificios residenciales y los pabellones construidos para la Expo '98 acogen ahora ferias, espectáculos y congresos. El sitio, que alberga restaurantes y el enorme centro comercial Vasco da Gama, se ha convertido en un lugar popular para pasear y entretenerse (**☞** *pág. 58*).

Desde entonces, Lisboa ha seguido renovándose. Después de la inauguración del **puente Vasco de la Gama** (1998), el más largo de Europa hasta 2018 (17 km), y de la renovación de la **zona de Docas**, aún en curso, la ciudad también vio la construcción del estadio Estádio de Luz (2003), luego, la del innovador edificio **MAAT** (2016), de formas sinuosas y alargadas, construido en Belém para albergar grandes exposiciones de arte contemporáneo. En la década de 2020, la apuesta por el medio ambiente detrás de los nuevos proyectos ha dado lugar a una proliferación de **jardines verticales**.

A pesar de ello, todavía podemos comprobar el estado de abandono del patrimonio arquitectónico del casco antiguo de la ciudad. ¿Las causas? La congelación de los alquileres que disuade a muchos propietarios de realizar obras de restauración, la falta de recursos del municipio y el fracaso del Estado que prefiere invertir en edificios nuevos antes que en renovar los antiguos. Por lo tanto, los financiadores de proyectos y los inversores interesados en estas bellezas abandonadas han tenido vía libre para transformar las estructuras antiguas y decadentes en infraestructuras hoteleras y residencias de lujo. El centro de Lisboa, otrora popular, no ha podido escaparse de la **gentrificación** que también han experimentado otras capitales europeas.

Arte contemporáneo, moda y diseño

El arte de la nueva generación

Señal inequívoca de la creatividad actual, Lisboa cuenta con un notable número de galerías de arte. Entre los artistas de la época, **Julião Sarmento** (1948-2021) explora desde 1974 los impulsos y la manifestación del deseo, cuestionando la divergencia entre experiencia y memoria. Utiliza diversas técnicas: pintura, fotografía, escultura y vídeo. Obsesionado con la arquitectura, **Pedro Cabrita Reis** (nacido en 1956) crea edificios a partir de materiales reciclados, diseñándolos como «receptáculos de la memoria». Representó a Portugal en la Bienal de Venecia de 2003. **Rui Chafes** (nacido en 1966) es autor de esculturas austeras entre el gris y el negro que inspiran la contemplación.

Capital de moda

Cada año desde 1991, en abril y octubre, **ModaLisboa** (C *pág. 130*) eleva la ciudad portuguesa al rango de las capitales de la alta moda. El evento permite a los diseñadores portugueses, ya conocidos en su país, ganar credibilidad internacional. La pionera de la moda portuguesa es sin duda **Ana Salazar** quien abrió su primer taller en Lisboa en 1974, el año de la Revolución de los Claveles. En los años 80, sus colecciones presentaron a Portugal en las pasarelas más prestigiosas y su ropa se vendió en todo el mundo. Entre los otros diseñadores de renombre internacional: **José Antonio Tenente** (que empezó con Ana Salazar), **Fátima Lopes** (muy diferente a su ilustre compañera), **Maria Gambina** (ya muy establecida en la moda de Lisboa) o **Felipe Oliveira Baptista** (director artístico de Lacoste hasta 2014, director creativo de Kenzo desde 2019). A menudo en el Bairro Alto los futuros talentos de la moda lisboeta abren sus primeras boutiques.

Un diseño dinámico

Una prueba más de la vitalidad de Lisboa es que el diseño portugués es cada vez más vanguardista. Santos, cerca del Tajo, se ha convertido en el distrito del diseño con sus escuelas y tiendas. ¡Incluso McDonald's tiene un aspecto moderno!

Además de las numerosas tiendas especializadas, los aficionados no pueden perderse el **Museo del Diseño y la Moda** (MUDE) que se espera que vuelva a abrir inmediatamente después de una importante renovación.

Una sociedad cambiante

La «europeización» ha traído importantes cambios sociales y nuevos estilos de vida a Lisboa. Hoy nos encontramos con hábitos de consumo y problemas sociales similares a los de otras grandes ciudades europeas. Sin embargo, Lisboa conserva una identidad y un ritmo particulares y ha logrado seguir siendo una ciudad «de pueblo», donde los habitantes aún mantienen relaciones de buena vecindad y ayuda mutua.

Una economía frágil

En los años setenta, Lisboa, como el resto de Portugal, parecía haberse parado en el tiempo a causa de los cuarenta años de dictadura. Con su entrada en la CEE en 1986 , el desarrollo económico se aceleró Sin embargo, los salarios siguen siendo bajos y, aunque se hubo un aumento general del nivel de vida, todavía hay muchos lisboetas que luchan por hacer frente al elevado coste de la vida. Entre otras cosas, el país fue uno de los más afectados por la crisis de 2008. En 2011, el Primer Ministro José Sócrates tuvo que pedir ayuda internacional (UE y FMI). Tras varios años de crisis aguda y una serie de planes de austeridad ineficaces, el Gobierno decidió apostar por la recuperación. El crecimiento ha vuelto y el desempleo cayó bruscamente desde 2017. Pero la crisis vinculada a la pandemia de Covid-19, seguida poco después por la subida de los precios mundiales (carburantes, energía, trigo) en 2022, sumió en la precariedad a miles de lisboetas.

Flujos migratorios

Tradicionalmente tierra de emigración, Lisboa acogió a numerosos inmigrantes en el siglo XXI, principalmente de Europa Central y Oriental. Muchos han trabajado en el sector de la construcción, que se ha mantenido dinámico. Se unieron a las comunidades históricas de la capital, originarias de las colonias del antiguo Imperio portugués: brasileños, caboverdianos, angoleños, chinos, indios, etc. La tendencia se invirtió con la crisis: entre 2011 y 2015, unos 500 000 portugueses emigraron a otros países europeos, Angola o Brasil, en busca de trabajo. Desde 2017, se percibe un principio de recuperación económica.

El peso de la religión

Laico desde 1976, Portugal sigue siendo un país de tradición católica. En los últimos años, la asistencia a las misas dominicales ha disminuido en Lisboa como en las demás ciudades del país, pero las fiestas religiosas siguen siendo muy importantes. Esto no significa que la mentalidad de los portugueses evolucione con menos rapidez que en otros lugares. Y es que, aunque Portugal tuvo que esperar hasta 2007 para legalizar el aborto, en 2010 estuvo a la vanguardia entre los países europeos en autorizar los matrimonios entre personas del mismo sexo y sigue estándolo en muchos temas de actualidad como la eutanasia, la reproducción asistida o la lucha contra la discriminación de género.

Literatura y cine

Portugal entró en la literatura a finales del siglo XII con la poesía de los juglares, influida por el lirismo provenzal. El Renacimiento introdujo el humanismo y el renacimiento de la poesía y el teatro. La gran figura de esa época sigue siendo **Luís de Camões** (1524-1580). En su vasta obra *Los Lusíadas* (1572), el poeta épico relata las aventuras de Vasco da Gama a la manera de la *Odisea*, convirtiéndose así en el cantor de los Grandes Descubrimientos Geográficos tras una vida aventurera que lo había llevado a África y Asia.

Y entonces llegó Pessoa

Casi desconocido a su muerte, **Fernando Pessoa** (1888-1935) es considerado hoy el mayor escritor portugués desde el Renacimiento (☞ *pág. 152*).
Tras la revolución de 1974 y más aún en los años ochenta, paralelamente al redescubrimiento de Pessoa, la literatura portuguesa experimentó un renacimiento, en particular con los autores **António Lobo Antunes** *(Sobre los ríos que van*, 2010), **Lídia Jorge** (*La costa de los murmullos*, 1988) o **José Cardoso Pires** (*El huésped de Job*, 1963; *Balada de la playa de los* perros, 1982), la notoriedad de la nueva literatura portuguesa trascendió fronteras.
José Saramago (1922-2010), a través de sus novelas (*Memorial del convento*, 1982, *Ensayo sobre la Ceguera*, 1995), mezcla los grandes mitos de la historia portuguesa; su obra fue galardonada con el Premio Nobel en 1998. Y del relevo generacional se encargan algunos escritores prometedores como **Valter Hugo Mãe**, **Gonçalo M. Tavares** o de nuevo **José Luís Peixoto**.

Un cine original

En los años 30 y 40, el cine portugués floreció en torno a temas populares, películas rurales o comedias costumbristas. Luego se impuso la ideología salazarista con el director «oficial» António Lopes Ribeiro. En ruptura con la dictadura, surgió el «Cinema Novo», equivalente a la Nouvelle Vague francesa. Pero el cine portugués debe su prestigio internacional, a partir de los años 80, a la notable obra de **Manoel de Oliveira** (1908-2015), inspirada en gran medida en la literatura. La joven generación continúa la tradición del cine de autor independiente. Todas las miradas se centran actualmente en **Miguel Gomes**, elogiado por la crítica en 2012 por *Tabú* , y de nuevo en 2015 por su ambiciosa trilogía *Las mil y una noches - Arabian Nights*. El director firmó en 2021, con Maureen Fazendeiro, *Diários de Otsoga*, rodada durante el confinamiento.
Estrenada en 2020, *Ordem moral* reveló el talento más académico de **Mário Barroso**, ex colaborador y actor de Manoel de Oliveira, João Monteiro (1939-2003) y Chilien Raúl Ruiz (1941-2011).

El fado

El destino de una música

Melopoeia derivada de los poemas cantados por los juglares en la Edad Media, canción de origen morisco o afrobrasileño: no faltan hipótesis sobre los orígenes del fado, aparecido en Portugal a finales del siglo XVIII, en el popular barrio lisboeta de **Mouraria**, se desarrolló a principios del siglo XIX en el agitado periodo de las guerras napoleónicas y la independencia brasileña. Estas circunstancias explicarían el éxito de esta canción triste, cuyos temas principales evocan la variabilidad del destino. Se dice que su nombre deriva del latín *fatum* «destino». Desde 2011, el fado forma parte del Patrimonio Cultural Inmaterial de la Humanidad de la Unesco.

Popular desde 1820

El fado se hizo popular en Lisboa a partir de 1820, con la cantante **Maria Severa**. En 1833 se abrieron las primeras casas de fado. A partir de 1870, fue adoptado por los aristócratas. A finales del siglo XIX, el fado se convirtió en un género literario en el que se aventuraron incluso los grandes poetas y escritores de la época. A principios del siglo XX, el fado sirvió de apoyo a las luchas ideológicas. **Amália Rodrigues** (☞ *pág. 152*), con su voz inigualable y una selección de letras de calidad, lo ha llevado más allá de las fronteras nacionales. Considerada la mayor intérprete de este género, ha dado al fado gloria internacional, convirtiéndose ella misma en el símbolo de Portugal y su *saudade*. El *fado vadio* («fado vagabundo»), un fado popular, es el más típico de Lisboa.

Hoy en día, muchos artistas encarnan el fado en toda su pureza o lo reinventan asociando esta misma con otras influencias: Camané, Filipa Pais, Marta Dias, Mísia, Paulo Bragança, Sofia Varela, Mariza, Bévinda, Cristina Branco, y la cantante del famoso grupo Madredeus, Teresa Salgueiro. La tradición continúa con nuevas promesas como Katia Guerreiro, Ana Moura, António Zambujo o la jovencísima Mara Pedro.

Dónde escucharlo

En Lisboa, hay actuaciones de fado todas las noches en los barrios de Alfama y Bairro Alto. Tras el éxito internacional de este género musical, muchas casas de fado se han convertido en destinos turísticos y el canto ha perdido parte de su alma. Así que la línea entre un fado auténtico y su versión alterada, servida en una cena-espectáculo de cabaret, es ahora bastante difusa. ¿La mejor solución? Ir a una casa de fado después de cenar, sobre las diez, y escucharlo mientras se disfruta de un buen vino.

☞ *Museu do Fado (pág. 27), Casa-Museu Amália Rodrigues (pág. 51), «Salir por la noche» (pág. 110).*

Grandes personajes

San António

Más conocido con el nombre de San Antonio de Padua, Fernando de Bulhões (1195-1231) no era italiano, sino portugués. Nacido en Lisboa, se convirtió en patrón de la ciudad, donde se le celebra con fervor el 13 de junio, día festivo en Lisboa (❂ cuadro pág. 30).

Vasco de Gama

Nacido en 1469 en Sines (Alentejo), el célebre navegante portugués, partió de Belém en 1498 y fue el primer europeo en llegar a las Indias por mar, doblando el Cabo de Buena Esperanza. Hijo de un noble portugués, fue nombrado Virrey de las Indias poco antes de su muerte, en 1524, en Cochin (suroeste de la India).

El marqués de Pombal

Primer ministro del rey José I, este déspota ilustrado (1699-1782) gobernó el país con mano de hierro, reforzó el poder del reino, restableció las finanzas y reconstruyó Lisboa tras el terremoto de 1755. Revolucionaria para su época, la arquitectura pombalina se basa en un urbanismo funcional y uniforme (❂ pág. 144).

Calouste Gulbenkian

Armenio nacido en Estambul (1869-1955), hombre adinerado, filántropo y gran amante del arte, se hizo lisboeta en 1942. En cuarenta años reunió una notable y ecléctica colección. Donó su inmensa fortuna a Portugal y gracias a ello se creó la Fundación Calouste-Gulbenkian (❂ pág. 74).

Fernando Pessoa

Genio complejo y vanguardista, este modesto oficinista lisboeta (1888-1935) renovó la poesía portuguesa. También le debemos el *Libro del desasosiego*, obra maestra de la literatura universal, colección de aforismos y reflexiones. Publicado más de cuarenta años después de su muerte, estas páginas encontradas casi por casualidad en el fondo de una maleta marcaron un antes y un después en la literatura portuguesa de los años ochenta (❂ pág. 149 y Casa Fernando Pessoa, pág. 50).

Amália Rodrigues

La Reina del Fado (1920-1999) llevó la gloria de este canto fuera de Portugal. Respetando las raíces del fado, supo innovar inspirándose en los grandes poetas, especialmente en Pessoa. Acusada de tener vínculos con el poder salazarista, fue marginada, para ser rehabilitada varios años más tarde. A su muerte, en 1999, miles de personas asistieron a su funeral nacional. ❂ Casa-museu Amália Rodrigues, pág. 51.

El fútbol

Una pasión nacional

El rectángulo que forma Portugal en el extremo de Europa se parece a un campo de fútbol: ¡una clara señal de predestinación! Más enserio, el *futebol* es sin duda el deporte nacional de Portugal. Jugadores como Luís Figo, Pauleta o el hoy talentoso Cristiano Ronaldo han sido o son estrellas de fama mundial. Los días que se juegan partidos de la liga nacional o durante los encuentros internacionales, los bares se llenan de gente y las banderas asoman a los balcones, sobre todo si juega la selección nacional o uno de los tres equipos más famosos del país.

Los clubes más prestigiosos

Lo que se transmite de generación en generación, un poco como la religión o la política, es el apego a un equipo. De hecho, los portugueses muestran más afecto por su equipo que por la selección nacional, apodada Seleção das Quinas (en referencia a los cinco escudos azules, las *quinas*, de la bandera portuguesa). Los tres clubes más importantes son: el **Benfica**, una «institución» lisboeta fundada en 1904, que ha ganado el mayor número de títulos; el **Sporting Clube de Portugal**, los verdes o «leones de Alvalade», cuna de grandes jugadores portugueses; el **FC Porto**, fundado en 1893, que ha dominado los campeonatos nacionales en la última década.

El Campeonato de Europa de 2004

2004: el año mágico del fútbol portugués. La ambición era ganar la Eurocopa, que se celebraría por primera vez en el país. Desgraciadamente, Portugal perdió la final de aquel año contra Grecia. Queda el placer de haber visto jugar a una *seleção* bella y valiente. Aún así, queda el título de subcampeón de Europa para guardar en el libro de los recuerdos, junto con el 3er puesto conquistado en la Copa del Mundo de 1966. También queda la satisfacción de haber preparado a la perfección una competición que exigió la construcción de estadios, carreteras y autopistas. Se construyeron cinco nuevos estadios de primera categoría, algunos de ellos diseñados por grandes arquitectos portugueses. Se renovaron otros cinco, incluidos los tres clubes más importantes del país. Queda, por último, la satisfacción de haber acogido a casi 3 millones de visitantes sin incidentes graves (¡el país tiene unos 10,5 millones de habitantes!). Sin duda, el acontecimiento no fue sólo futbolístico.

En 2016, en París, el equipo de Cristiano Ronaldo se tomó la revancha arrebatando el título de campeón de Europa a los anfitriones y desatando una enorme ola de entusiasmo popular. Bernardo Silva, que desde el 2021 juega en el Manchester City FC, parece ser la estrella emergente del fútbol portugués.

La gastronomía

Locos por el bacalao

En cuanto se menciona la cocina portuguesa, viene a la mente el bacalao *(bacalhau)* que ocupa un lugar especial en la historia del país. Para los portugueses, que lo llaman «o fiel amigo», es el plato popular por excelencia, el plato tradicional de Navidad, el manjar omnipresente en forma de albóndigas *(pasteis)*… Pero la cocina portuguesa, que da mucha importancia al aceite de oliva, el ajo y otros aromas (romero, laurel, cilantro, etc.), sabe ofrecer mucho más **pescado**. Sardinas a la plancha, rape, lampreas, sábalo del Tajo, salmón del Minho y atún del Algarve conviven con los **frutos del mar** *(mariscos)* y pulpos, que abundan. Portugal consume unos 57 kg de pescado por habitante, frente a 21,5 kg de la media europea!

La carne

La **carne de cerdo** se prepara de muchas formas: asada, guisada, salchicha ahumada *(linguiça)*, filete ahumado *(paio)*, jamón ahumado *(presunto)*. Acompañado de judías *(feijãos)* rojas o blancas, col y salchicha ahumada *(chouriço)*, el jamón se ha convertido en uno de los componentes de la **feijoada**. La carne de cerdo a la moda del Alentejo *-carne de cerdo à alentejana alentejana -* se adoba con vino y se prepara con almejas *(amêijoas)* o con patatas *(carne de porco à portuguesa)*. La **ternera** suele servirse en filetes, como el *bife acavalo* (filete con huevo frito encima). El cabrito y el cordero también se asan.

Quesos y postres

Aunque no sea el país de los quesos, Portugal puede contar con una variedad lo suficientemente amplia como para hacerte dudar a la hora de elegir. Prueba **el azeitão**, un pequeño queso cremoso de oveja producido en la región de Lisboa que suele servirse como entrante.

Portugal tiene infinidad de postres, casi todos a base de huevo, heredados de antiguas recetas conventuales, como el **toucinho-do-céu** (tocino de cielo), las **barrigas de freira** (barrigas de monja) y las **queijadas de Sintra**, con almendras y queso fresco de oveja. En muchos restaurantes encontrarás en la carta el **flan de pudim**, la versión portuguesa de la crema de caramelo. Una variante más cremosa, que conserva los mismos ingredientes, se llama **leite-creme**. El **arroz doce** (arroz con leche) espolvoreado con canela, se come a menudo en las fiestas. Y no hay que olvidar el delicioso **pastel de nata** (*pastéis de nata* en plural): una cubierta de hojaldre con un corazón de crema, espolvoreado con canela que suele acompañar al café *(bica)*.

El vino/Los vinos

Vinos de calidad

Undécimo productor de vino del mundo en 2020, noveno por extensión de viñedos, Portugal cuenta con una amplia gama de vinos preciados. A diferencia de otros vinos del mundo, los vinos portugueses no han sucumbido a las llamadas de la globalización y han sabido mantener su sabor tradicional, motivo de su encanto y calidad, a precios asequibles. Lisboa no forma parte del corazón de una zona de producción, pero podrás descubrir, durante tus comidas, la diversidad vitivinícola portuguesa.

Solo una estrella, el porto

Es el más famoso, el que le ha valido a la vida portuguesa su reputación internacional. No te confundas: la ciudad de Oporto alberga únicamente las bodegas de las distintas marcas de este vino.
Las viñas están situadas río arriba, suspendidas entre las empinadas laderas y modeladas durante siglos a costa de un trabajo colosal. Los hombres tallaron las montañas de granito y esquisto en estrechas terrazas consolidadas por muros para plantar vides. Este trabajo transformó el valle del Douro en un paisaje grandioso, clasificado como Patrimonio de la Humanidad por la Unesco. Los ingleses son el origen de esta obra maestra: tras descubrir en el siglo XVII el vino de mesa tinto y seco de las laderas del Douro lo transformaron en Oporto. Aún hoy, los ingleses poseen grandes fincas vitícolas en esta región, que fue, en 1756, la primera del mundo en ser estrictamente delimitada.

Otros vinos...

Una treintena de vinos pueden presumir de la *Denominação de Origem Controlada* (DOC) o de una *Denominação de Origem Protegida* (DOP). A estos se suman los vinos de *Indicação de Proveniência Regulamentada* (IPR), de menor calidad, y las denominaciones regionales o vinos locales. Uno de los más famosos, producido en el norte del país es **el vinho verde**, de baja graduación alcohólica (de 8 a 11,5°), ligero, chispeante y afrutado, y también un poco ácido. Entre las diferentes regiones vitícolas de Portugal destaca el **Douro**, cuyos vinos están considerados los mejores del país. Algunas viñas también producen vinos tintos de renombre que dan brillo a la región del **Centro** (Bairrada, Dão y Lafões) y al **Alentejo** (Reguengos, Redondo, Borba, etc.), tierras de vinos potentes y con cuerpo. El Algarve y la región de Setúbal avanzan constantemente en la producción de vinos blancos nobles y ligeros.

ÍNDICE

2

ÍNDICE

4

Créditos fotográficos págs. 4-5
(de izquierda a derecha y de arriba a abajo)

Axioma/hemis.fr
ElenaPhotos/Getty Images Plus
M. Borgese/hemis.fr
H. Leue/Mirar/Photononstop
Ingus Kruklitis/Getty Images Plus

Sohadiszno/Getty Images Plus
J. C. Muñoz/age fotostock
lite_2046/Getty Images Plus
miralex/Getty Images Plus
JoseIgnacioSoto/Getty Images Plus

La Guía Verde de Fin de Semana, editada por Philippe Orain

Por	Florence Dyan
Redacción	Célia Bénisty, Philippe Bourget, Jean-Moïse Braitberg, Séverine Cachat, Tiphaine Cariou, Élisabeth Cautru, Françoise Dupont, Michel Fonovich, Alexandra Forterre, Serge Guillot, Guylaine Idoux, Emmanuelle Lepetit, Valérie Minet, Denis Montagnon, Jérôme Saglio
Cartografía	Thierry Lemasson, Géraldine Deplante, Denis Rasse, Daniel Duguay Planos de la ciudad: © MICHELIN 2022 y © 2006-2018 TomTom. Todos los derechos reservados.
Agradecimientos	Élisabeth Cautru (secretaría), Aura Mardari, Theodor Cepraga, Costina-Ionela Lungu (cartografía), Véronique Aissani, Carole Diascorn (portada), Marion Capera, Marie Simonet (iconografía), Andra-Florentina Ostafi (datos objetivos), Bogdan Gheorghiu, Cristian Catona, Gabriel Dragu, Hervé Dubois, Pascal Grougon (preimpresión), Dominique Auclair (dirección), Véronique Duthille (relectura)
Diseño gráfico	Laurent Muller (interior), Véronique Aissani (portada)

Titulo original: *Lisboa*

© 2016, 2023 MICHELIN Éditions, todos los derechos reservados

Para la edición en español:

WS whitestar™ es una marca propiedad de White Star s.r.l.

© 2017, 2024 White Star s.r.l.
Plaza Luigi Cadorna, 6
www.whitestar.i

Traducción: Ormobook

ISBN 978-88-540-5511-7
1 2 3 4 5 6 28 27 26 25 24

Impreso en Serbia